Les 12 archétypes intérieurs

Pour télécharger les mandalas contenus
dans ce livre afin de pouvoir les imprimer en grand format,
scannez ce QR code :

Stéphane Perez

Les 12 archétypes intérieurs

Faites la paix avec les facettes
de votre personnalité

MARABOUT

SOMMAIRE

AVANT-PROPOS

« Le sens de mon existence est que la vie
me pose une question. Ou inversement, je suis moi-même
une question posée au monde et je dois fournir
ma réponse, sinon j'en suis réduit à la réponse
que me donnera le monde. »

Carl Gustav Jung, *Ma vie*

Ce livre est une proposition de notre intériorité composée de 12 principaux archétypes ou forces universelles, qu'il appartient à notre conscience de comprendre et d'exprimer de la meilleure façon possible. Nous retrouvons ces archétypes à travers tous les âges et toutes les cultures, ainsi que dans les forces de la nature. Notons qu'ils ne s'opposent en aucune façon aux autres « classifications » contemporaines, psychologiques, psychiatriques ou encore alternatives. En prenant en compte différents courants psychologiques et en y ajoutant mon expérience, j'ai cherché à présenter une vision holistique et pratique de notre monde intérieur.

Pour chaque typologie, vous trouverez une description de la personnalité en question, les difficultés ou troubles qu'elle peut engendrer, puis des conseils pour mieux exprimer cette force psychique.

Ensuite, je propose « que faire et ne pas faire » face à une personne marquée par tel ou tel trait de personnalité, un quiz pour évaluer la puissance en vous de chaque archétype, enfin, un mandala à dessiner en relation avec « l'énergie » en question, et si besoin, une aide florale (fleurs du Dr Bach) pour harmoniser le trait de personnalité.

À noter : pour un souci de confort de lecture, seuls les accords au masculin singulier et pluriel ont été retenus.

INTRODUCTION

Les racines de la personnalité

« … et il n'est pas une chose
que je connaisse si peu que moi-même. »
Hermann Hesse, *Siddhartha*

Pour commencer, que veut-on dire par « personnalité » ? Étymologiquement, le mot vient de *persona* et signifie « masque ». Aujourd'hui, dans le langage courant, c'est l'équivalent du caractère, de la façon de se comporter dans la vie. Ainsi, on dira d'un individu : « Il est autoritaire, perfectionniste, rêveur, entreprenant, altruiste, etc. ». Mais ces adjectifs sont réducteurs car nous sommes en réalité constitués de plusieurs forces psychiques ou traits de personnalité qui interagissent ensemble.

L'inné, le vécu et le transmis

Contrairement à ce que véhiculent certains courants psychologiques, **ces traits de caractère ne dépendent pas uniquement de notre vécu** et de notre environnement éducatif mais aussi de ce que nous portons en nous dès la naissance ! Nous présentons tous un complexe biologique et psychologique résultant de trois forces : le Vécu (ou l'Acquis), mais aussi l'Inné et le Transmis.

L'Inné est le sujet d'une bonne partie de cet ouvrage. Il représente une sorte d'empreinte – le Dr Léon Vannier parle d'*empreinte divine* : « Elle signale l'ensemble des possibilités qui caractérisent l'individu dès sa naissance et dont la réalisation lui permettra d'affirmer sa personnalité tout entière. »

Le Transmis ou l'empreinte générationnelle est le legs de nos géniteurs et de ceux qui les ont précédés (littéralement, il fait partie de l'Inné puisque « présent dès notre naissance »). Dans le Transmis ou l'Inné, nous devons également prendre en compte la phylogénèse, c'est-à-dire notre similitude évolutive avec les mondes minéral, végétal et animal, ainsi que l'ontogenèse, soit les mémoires de toute l'évolution humaine.

Le Vécu ou **l'Acquis** représente ce que l'on appelle aujourd'hui l'épigénétique : c'est l'impact de notre environnement (lieu de vie, éducation, relations, alimentation, culture, société, etc.) sur notre disque dur interne, l'ADN. La « gestion » physiologique et psychologique de ces impressions détermine la qualité de notre vie d'aujourd'hui.

Pour résumer, nous sommes comme des arbres fruitiers et les fruits que nous portons en nous sont potentiellement présents dès la naissance. Notre productivité et la façon dont nous les donnerons au monde dépendront de notre environnement et de comment nous réagirons aux différents événements de la vie. **Dans ce chemin d'accomplissement, les cycles de la nature œuvrent dans le sens de cette évolution créative si tant est que l'on ne s'y oppose pas.**

Les quatre saisons

L'ordre des saisons et les différentes lois des éléments qui ont gouverné le monde jusqu'au XVIIe siècle ont été décrédibilisés par les sciences modernes et matérialistes. Pour apprendre à nous connaître, il est important d'intégrer les nouvelles sciences cognitives mais il est néanmoins nécessaire de nous appuyer sur les cycles de la nature et les enseignements traditionnels qui ont traversé les âges. Face au retour des saisons, à la vie de la plante qui meurt et renaît, comment ne pas penser que nous sommes nous aussi influencés par les forces de la nature et même composés par elles ?

La compréhension des quatre saisons et des éléments correspondant (**l'air, le feu, l'eau et la terre**) est fondamentale pour interpréter les forces naturelles qui constituent les traits de personnalité ou les archétypes que nous allons étudier.

Empédocle d'Agrigente (environ 490 à 430 av. J.-C.) aurait ramené ces préceptes d'Inde en proposant une conception du corps humain déterminée par le dynamisme des quatre éléments qu'il nomma ***les racines de l'être***. Hippocrate suivit ce concept en instaurant une médecine basée sur quatre tempéraments : **le sanguin** (printemps), **le bilieux** (été), **le mélancolique** (automne) et **le flegmatique** (hiver). Nous bénéficions donc d'un capital énergétique et d'une sensibilité nerveuse qui nous sont propres et dont la composition singulière peut être évaluée grâce à l'étude des quatre saisons ou des quatre éléments en chacun de nous. Ces forces induisent des puissances psychiques, organiques et endocriniennes spécifiques et donc des compétences, des traits de personnalité et des besoins d'être, d'avoir ou de faire certaines choses. Cette compréhension est particulièrement efficace lorsqu'il s'agit de cultiver un élément qui fait défaut dans la constitution de base de l'individu ou d'en modérer un autre devenu « excessif ».

Nous pouvons ainsi placer l'homme au centre d'un cercle symbolique, comme le zodiaque, représentant les 12 forces de la nature en action. Les forces de ces quatre saisons s'engendrent dans un sens évolutif, déterminé et immuable.

Le printemps (air) correspond à la pulsion de vie, à la naissance et l'affirmation de toute chose. Puis vient **l'été (feu)** avec sa puissance rayonnante et l'apogée d'une montée d'énergie qui irradie tout autour d'elle. Ensuite **l'automne (terre)**, les forces de vie se rétractent de même que la sève des arbres qui se retire de l'extrémité des branches pour s'enfoncer dans les racines. Les feuilles tombent, l'arbre rejette ce qui n'est plus viable. C'est une dynamique « dépressive » d'élimination et d'épuration. Enfin, durant **l'hiver (eau)**, les forces de la nature sont en sommeil dans une sorte d'hibernation et de régénération en profondeur avant la reprise de la force printanière qui relancera un nouveau cycle.

Les saisons influencent nos humeurs mais nous possédons tous un tempérament inné dominant. Même s'il semble compréhensible de chercher essentiellement à vivre sa vie dans l'effervescence du printemps et de l'été, nous ne pouvons éviter de nous confronter à toutes nos forces intérieures et donc à traverser aussi des phases d'automne et d'hiver. Et c'est d'ailleurs sur la compréhension et le vécu de ces périodes difficiles que reposent les fondements de notre évolution.

Nous pouvons comprendre pourquoi, dans certains pays ou dans certaines cultures, les comportements et les caractères sont un peu différents des nôtres : le pays où nous vivons et son biorythme influencent nos comportements. Ce phénomène correspond au facteur épigénétique de la nature qui formate en partie notre terrain génétique.

Les forces archétypales ou facettes de l'ego

Devenu le Bouddha, Siddârtha Gautama disait : « Heureux celui qui a surmonté ses moi. » Les traditions spirituelles et ésotériques nous invitent à faire une différence entre notre conscience ou notre être profond et un ensemble de forces ou différents *moi* qui composent notre corps de matière. Selon le psychanalyste Carl Gustav Jung, c'est ce concept de départ qui nous permettra d'accéder ensuite au principe réunificateur de tout notre Être : *le Soi*.

Les cultures anciennes ont élaboré des archétypes universels ou des mythes pour représenter les facettes de la psyché humaine. Jung comme Platon considéraient les archétypes comme des énergies structurant l'ensemble des processus psychiques de l'être humain, au même titre que l'instinct des animaux. Ces modèles primitifs issus des forces de la nature forment le Ça, un grand réservoir d'énergie dans lequel résident les forces libidinales d'action. Ensemble, elles forment les différentes *personnalités*.

Nous l'avons vu, le terme « personnalité » provient du latin ***persona*** qui désigne **le masque**. La persona est donc le masque que nous utilisons pour nous exprimer et nous adapter à l'environnement.

Porter un masque inapproprié à la situation peut engendrer des difficultés sociales. Il n'est d'ailleurs pas rare qu'un des masques (ego) dévore l'acteur (la conscience), l'individu étant alors totalement identifié et soumis à un trait de personnalité archétypal.

Jung est l'un des premiers psychanalystes à incorporer dans ses ouvrages la notion d'archétypes, de *moi* ou de *sous-personnalités,* en précisant qu'ils sont communs à toutes les cultures. Nous en retrouvons en effet la présence dans toutes les traditions : chamaniques, hindouistes, égyptiennes, etc., sous forme de dieux, déesses ou autres entités. La mythologie grecque, avec ses douze dieux et déesses de l'Olympe, est celle qui a marqué le plus profondément notre monde occidental. Elle s'appuie sur un ensemble de récits intemporels mettant en jeu l'histoire des comportements et des expériences humaines. Selon Joseph Campbell, « [...] il existe un principe mythologique de base qui veut que ce que la mythologie considère comme l'autre monde, soit en réalité notre monde intérieur [1] ».

Pour établir concrètement un modèle de compréhension, considérons que l'ensemble de ces forces archétypales issues de la nature puissent être désignées par le terme *ego.* Ainsi, ***l'ego*** **a plusieurs visages.** Comme il est courant, dans les conversations, d'entendre dire « c'est ton ego ». Il faudrait alors pouvoir préciser duquel il s'agit !

Chaque individu possède donc de manière globale et symbolique 12 forces égotiques ou « personnages intérieurs ». Ces différents moi ont vocation à être complémentaires et à travailler ensemble, mais ils se heurtent parfois dans des conflits d'intérêts et des besoins

1. *Mythologie et épanouissement personnel,* éditions Oxus, 2011.

contradictoires que notre conscience, tel un chef d'orchestre intérieur, doit harmoniser. Nous pouvons évoquer ici la notion en psychiatrie de « personnalités multiples » qui surgissent aléatoirement de l'inconscient et « prennent la lumière » en s'exprimant. Cette fragmentation de la personnalité est due à de graves traumatismes psycho-émotionnels de l'enfance. Bien évidemment, ces cas sont exceptionnels car nous possédons tous, dans ce jeu de relations intérieures, une conscience ou un principe psychologique central qui maintient une identité globale plus ou moins cohérente. Mais, dans la multitude de choix que nous avons à faire dans notre quotidien, nous sommes toujours confrontés à des hésitations ou des contradictions. Une facette serait bien tentée de partir en voyage, et une, plus pragmatique, nous dit que ce n'est pas raisonnable au vu des crédits en cours. Même si un choix est fait, il y a conflit à un certain moment, même infime, entre certaines autres parties de nous-mêmes. Notre conscience doit apprivoiser l'ensemble de ces pulsions égotiques afin de prendre la décision la plus juste et cohérente pour notre épanouissement global. C'est dans cette mesure que l'on peut définir notre « libre arbitre ».

Dans notre vie relationnelle, le défi d'harmonisation est immense car les projections et ancrages de nos forces intérieures sont nombreuses. Les Drs Hal et Sidra Stone révèlent ce que la notion des archétypes intérieurs a de plus précieux dans tout type de système relationnel : « Selon nous, rien n'est plus important, plus vital, plus essentiel, plus utile que de réaliser que nous avons à l'intérieur de nous, un groupe de "je" qui règlent notre vie et dirigent nos actes. Sans la connaissance de ces différentes personnalités à l'intérieur de nous, il existe peu de possibilités de relations affectives réussies et satisfaisantes. »

Les 12 archétypes de la personnalité

Imaginons que dans notre quête d'accomplissement, nous prenions conscience de la multiplicité de notre identité. Nous comprenons que notre conscience, tel un chef d'orchestre intérieur, dirige 12 musiciens ou forces archétypales. Nous avons donc comme défi d'apprivoiser et d'harmoniser cet ensemble de forces, mais nous ne connaissons ni leurs fonctions ni leurs vulnérabilités. Alors, avec humilité, nous portons un regard attentionné sur cet univers intérieur et découvrons, un à un, les éléments qui le composent…

LES 12 ARCHÉTYPES DE LA PERSONNALITÉ			
Archétype	**Vulnérabilité Polarité -**	**Compétence Polarité +**	**Type d'intelligence**
Le guerrier *Le conquérant* Élément FEU	Sentiment d'impuissance. Frustration et injustice. Impatience et colère. **Blessure de castration**	Courage, volonté d'action, pulsion de liberté et d'affirmation personnelle. Défense du territoire.	**Dynamique et corporelle**
La sensuelle *Le naturaliste* Élément TERRE	Manque de contact physique. Peur d'être dépossédé. Insécurité physique et matérielle. **Blessure de dépossession**	Sensualité, lien nature, érotisme. Capacité à bâtir, travailler avec la matière. Attachement naturel.	**Intelligence naturaliste et kinesthésique**

Le messager *Le diplomate* Élément AIR	Doute et incertitude. Inhibition verbale. **Blessure d'ignorance**	Envie d'apprendre, de comprendre, curiosité. Communication. Capacité d'adaptation et diplomatie.	**Intelligence linguistique et d'adaptation**
La mère *L'empathique* Élément EAU	Insécurité du foyer et du clan. Manque de tendresse. Sensibilité à la souffrance des autres. **Blessure de non-appartenance**	Empathie, expression des émotions. Capacité à prendre soin de l'autre. Tendresse.	**Intelligence émotionnelle**
L'artiste *Le solaire* Élément FEU	Non-reconnaissance. **Blessure de trahison**	Charisme. Exemplarité. Créativité. Rayonnement personnel.	**Intelligence créative et artistique**
Le perfectionniste *Le minutieux* Élément TERRE	Peur de faire les mauvais choix. Toc de propreté. **Phobie du désordre et de la maladie**	Pureté, souci du détail, de la santé et du bien-être. Impeccabilité. Discernement et esprit d'analyse. Hygiène.	**Intelligence analytique et de minutie**
L'affective *La sentimentale* Élément AIR	Séparations et conflits relationnels. Sensibilité aux ambiances. **Blessure d'abandon**	Capacité à harmoniser les situations, les ambiances et les relations. Partager, aimer et être aimé.	**Intelligence relationnelle**

LES 12 ARCHÉTYPES INTÉRIEURS

Le critique intérieur *L'alchimiste* Élément EAU	Erreur, faute, échec. Traumatismes vécus et transgénérationnels, inconscients et/ou conscients. **Blessure de culpabilité**	Psychologie, sagacité, auto-analyse. Capacité à évoluer à travers les processus de deuil et de libération des mémoires de lignées.	**Intelligence intra-personnelle et trans-générationnelle**
L'épicurien *Le social* Élément FEU	Frustrations et manques. Solitude et souffrance intérieure. Phobie inconsciente du vide et de la mort. **Ennui et non-sens**	Sociabilité, goût du voyage. Capacité à statuer et trouver un sens à sa vie. Capacité à jouir de la vie. Pouvoir personnel.	**Intelligence sociale**
Le responsable *Le rationnel* Élément TERRE	Difficulté à ressentir et à exprimer ses émotions. Anxiété et peur de l'inconnu. **Blessure d'insécurité**	Contrôle, capacité d'organisation et de responsabilité. Discipline et concentration.	**Intelligence rationnelle et pragmatique**
L'original *Le visionnaire* Élément AIR	Stagnation, monotonie, anciens schémas de pensée. Isolement social. Hyper-cérébralité nerveuse. Autorité et cadre. **Blessure d'isolement**	Esprit d'innovation et de créativité collective. Réseaux sociaux. Apprentissage autodidacte.	**Intelligence holistique et collective**
L'idéaliste *Le spirituel* Élément EAU	Confrontation à la réalité du monde. Échappatoire dans l'imaginaire. Illusions. **Nostalgie d'amour universel**	Intuition et perceptions extrasensorielles. Philosophie. Compassion.	**Intelligence existentielle**

LA PERSONNALITÉ *TYPE GUERRIER*

L'intelligence dynamique et corporelle

« Je portais en moi une fièvre d'absolu. »
Hélie de Saint Marc dans *Hélie de Saint Marc, témoin du siècle*[2]

Force naturelle et symbolisme

Cette première personnalité représente **la pulsion de vie qui donne naissance à toute chose**. C'est le germe de la graine qui traverse la résistance de la terre pour trouver la lumière ou la soif de vivre du nouveau-né. Ce trait de caractère est en analogie avec le début et la conquête du printemps. Ainsi, chaque personnalité sera en lien avec une phase spécifique de la nature ou du cycle végétal.

Si vous êtes marqué par ce trait de personnalité, vous possédez un puissant élan vital qui s'exprime par l'action et le mouvement. Vous faites probablement partie des personnes qui ont des compétences innées pour l'activité physique. **Cette force de combativité n'induit pas d'être en affinité avec l'idée de guerre**, mais elle

2. Film de Marcela Feraru et Jean-Marie Schmitz (2018).

représente un caractère de volonté où l'action libératrice prédomine.

Psychologie, besoins et compétences

C'est un conquérant et souvent un leader. Le principe d'action se base avant tout sur une tension, une urgence à agir pour vivre libre, s'affirmer et atteindre ses objectifs. Ces compétences induisent donc une grande sensibilité nerveuse lorsque l'environnement s'y oppose. Pour reprendre l'expression du philosophe allemand Hegel sur cette force psychique : « Elle se pose en s'opposant. » C'est une tendance que l'on retrouve à l'adolescence lorsque les jeunes tentent d'affirmer leur personnalité en provoquant des conflits de territoires et d'idées avec les parents, les camarades et/ou la société. Cette combinaison de vitalité et de propension au défi crée donc une attirance naturelle vers les activités physiques, l'aventure et parfois l'acharnement au travail. Cette dynamique n'est pas forcément un désir de domination ou de gloire, mais plutôt une tentative de découverte de soi-même, un besoin de se vaincre, de s'éprouver et de se dépasser. On observe d'ailleurs très peu de cas de délinquance chez les jeunes individus de type *guerrier* faisant du sport. L'obligation de respecter l'entraîneur, les partenaires et les règles du jeu canalise leur fougue.

Cette force archétypale permet de s'affranchir des contraintes qui ne conviennent plus. Il sera d'ailleurs souvent primordial de vivre avec un sentiment profond de liberté chez ce type de personnalité. Néanmoins, nous avons tous en nous, dans des intensités différentes, cette facette de l'identité, donc chaque individu aura donc plus ou moins la nécessité d'exprimer cet élan vital.

Il semble logique que la libido ait des correspondances avec cette pulsion archétypale car au cœur même de l'acte sexuel se trouve une profonde affirmation de la vie. Assimilable au terrain endocrinien androgénique (androgène : « qui donne naissance à l'homme »), ce *moi-guerrier* ou *conquérant* a vocation d'explorer « le champ des possibles », qu'il s'agisse de conquête amoureuse ou d'entreprendre. La capacité d'agir et de se projeter à travers des projets créatifs est capitale pour les personnes marquées par cette force printanière. Sans projet ou sans horizon, elles perdent du dynamisme et le risque est grand de sombrer dans la dépression.

Dans son expression « brute », le feu intérieur qui anime le type *guerrier* peut se retrouver chez un boxeur mais aussi, plus subtilement, chez un sapeur-pompier ou un défenseur acharné de l'écologie marine. Ainsi, il devient un *guerrier de lumière* qui se sacrifie pour une noble cause ou défend la vie de ses semblables.

Retenons donc que la volonté et le courage propres à cette facette poussent d'une manière générale à l'action, à sortir des zones de confort, devenues trop limitantes ou oppressantes. Patrice Franceschi, écrivain et grand aventurier, dans son roman *Avant la dernière ligne droite*[3], résume parfaitement la personnalité type *guerrier* : « Je ne souhaitais pas devenir soldat ; si j'aimais la discipline personnelle, je me méfiais de la discipline, tout court. Le métier des armes ne me déplaisait pas en lui-même à condition de servir

3. Éditions Arthaud, 2012.

une cause qui me semblait juste, mais j'aimais trop pouvoir décider chaque matin de faire de ma vie ce que je voulais, sans personne pour me dire quel chemin prendre. J'avais d'autres désirs... Embrasser la vie tout entière, ou comme le disait si bien Pindare : épuiser le champ du possible, et pour cela, je devais rester entièrement libre... J'étais excité d'avoir un but. Je n'ai jamais pu vivre sans but. J'ai longtemps cru qu'il s'agissait d'une qualité ; j'en suis moins certain aujourd'hui... »

Difficultés psychologiques

L'expression de chaque archétype ou trait de caractère recèle des « pièges » dans leurs domaines d'action respectifs mais aussi dans leurs interactions avec les autres facettes de la personnalité. En effet, la dominance de chacune des forces archétypales peut produire une inflation du *moi* en question conduisant parfois à une expression incontrôlée ou inappropriée vis-à-vis d'une situation relationnelle ou d'un contexte social.

Si la force d'affirmation de la vie de cette personnalité ne trouve pas suffisamment de chemin d'expression, elle peut se transformer, à l'extrême, en *violence compensatoire*, selon les termes du psychanalyste américain Erich Fromm. Sans en arriver toujours là, la personnalité type *guerrier* sera toutefois fréquemment sujette à toutes sortes de petites frustrations et de plus ou moins grandes colères.

Les petites colères du *moi-guerrier* ne durent pas. En réalité, ces explosions lui sont parfois nécessaires pour maintenir son équilibre nerveux. Pour son entourage, il y a deux réactions possibles : soit se mettre aussi en colère pour ne pas l'inhiber en cas de situation irrespectueuse, soit attendre que l'orage passe, car il passera rapidement.

L'élément feu, typique de ce tempérament, correspond à l'image de toute naissance mais aussi de tout anéantissement. Un des plus grands défis pour un *guerrier* sera d'apprendre à canaliser sa fougue afin de ne pas trop se mettre en danger : le but à atteindre importe peu, pourvu qu'il soit dans une lancée.

Il n'y a donc jamais de fin au désir et le piège principal de cette force intérieure est de consommer son patrimoine vital dans une suite d'entreprises ou d'exploits physiques où seule domine la satisfaction de briser les frontières de la liberté. Cet immense besoin de défi, de liberté et finalement d'horizon conduit à comprendre que cette ligne imaginaire (l'horizon) ne cesse de reculer au fur et à mesure que l'on avance. Ainsi, comme le disait l'écrivaine Christiane Singer, « que le piège puisse aussi s'appeler liberté, qui le soupçonne encore ? ». Cette jeunesse entêtée qu'incarne le type *guerrier* a ses revers car la réalité et les contraintes de l'environnement, de la société, des relations ou du temps qui passe l'emportent tôt ou tard. L'acceptation d'une défaite, quelle qu'elle soit, ne sera pas une petite affaire pour cette personnalité. En dehors de ces aspects, cette force doit avant tout s'exprimer et c'est son refoulement qui représente la plus grande difficulté. Elle produit en effet de graves déséquilibres puisqu'elle est associée aussi au système immunitaire.

L'exemple de Thibault

Thibault, est un patient de 11 ans qui consulte pour des douleurs au ventre et des maux de tête. Cet adolescent semble extrêmement sage mais les rougeurs présentes sur son visage et certains de ses traits évoquent une personnalité type guerrier *dominante. L'anamnèse permet de recueillir les informations suivantes : bruxisme, pression au niveau de la poitrine, tachycardie et une situation psychologique difficile due à une éducation qu'il perçoit comme sévère. Thibault ne pratique aucune activité sportive. Tout en travaillant en ostéopathie, je tente de lui faire comprendre, ainsi qu'à sa mère, qu'en lui réside une grande force innée qui est un don, comme chez les grands sportifs. Cette force allait lui permettre de faire de grandes choses mais si on l'empêchait de s'exprimer, avec le temps, il ressentirait comme un volcan bouillonnant à l'intérieur de lui. En reconnaissant cette facette de son identité et* ***en la valorisant****, Thibault allait pouvoir s'autoriser à ne plus être le garçon très sage qu'il était obligé d'être pour obtenir de l'affection. La pression du père semble à l'origine de ses inhibitions et de son comportement de soumission – ce dernier étant, aux dires de sa mère, très marqué par cette facette guerrière qu'il exprime peut-être trop ou d'une manière trop brutale vis-à-vis de son fils. Il est donc question d'inciter Thibault à faire des activités physiques, idéalement une en plein air, et un sport de combat, pour que cette force innée puisse s'exprimer librement. Après quelques mois, j'ai revu Thibault qui avait commencé par acheter un punching-ball sur lequel il se défoulait dans le garage de la maison. Il s'était* *aussi inscrit dans un club de capoeira (sport de combat brésilien). Thibault n'avait plus ses symptômes digestifs, il était plus expressif et ses maux de tête avaient grandement diminué. Son bruxisme était encore présent, mais d'une manière globale, il semblait avoir une meilleure estime de lui.*

Nous avons tous besoin d'affirmer notre identité, nos valeurs, et de nous confronter à l'environnement. Si cet élan primaire ne s'exprime pas, si nous avons du mal à prendre des risques dans notre vie, à nous faire respecter, ou si nous manquons de passion ou d'envie, nous renions la force archétypale la plus vitale et salutaire de notre identité.

L'archétype ou le trait de personnalité complémentaire

Pour chaque archétype qui suit, nous soulignerons le trait de personnalité, opposé et complémentaire, à développer pour son propre équilibre, physique et psychique. C'est aussi le trait de personnalité que l'on recherchera peut-être chez un partenaire car évidemment, les opposés s'attirent ! Mais attention, complémentarité ne veut pas dire harmonie, et il faudra donc s'attendre à des incompréhensions et quelques frustrations !

Pour le *guerrier*, la personnalité équilibrante sera le type *affectif*. Mais souvent, une typologie *guerrière* aura aussi besoin de se relier à ses semblables pour entreprendre, faire du sport, etc.

Reconnaître la personnalité type *guerrier*

Le comportement

Cette personnalité est impatiente, dynamique et quand elle a décidé quelque chose, c'est tout de suite ! Si vous vous y opposez, vous subirez quelques réactions colériques. Entreprenante, la personnalité *guerrière* a toujours besoin d'avoir des projets de toutes sortes, et plus ils seront au service du bien commun, plus sa volonté sera inébranlable.

L'attitude

Pour la personnalité *guerrière*, l'attitude est plutôt provocatrice, la démarche est rapide, mécanique et saccadée et les gestes sont brusques et fréquents. Le langage lui aussi est direct, il va droit au but et ne s'étale pas dans les détails ou les sentiments.

Le *guerrier* est le prototype de l'athlète. Son métabolisme rapide brûle les graisses, grâce à cela, il est sec et tonique. Mais avec l'âge, l'arrêt éventuel des activités physiques et le confort matériel, l'individu à la typologie *guerrière* dominante peut laisser la place à l'archétype de l'épicurien et voir sa masse corporelle se développer.

Intuitivement, notez de 1 à 10 l'importance de ce trait de personnalité chez vous

1	2	3	4	5	6	7	8	9	10

Que faire si cet archétype semble trop dominant chez vous ?

Les signes qui ne trompent pas : entourez les points qui vous concernent.

- Vous êtes facilement irritable et vous avez parfois des mots durs vis-à-vis de votre entourage.
- Vous ne pouvez pas vous reposer car votre agenda est toujours rempli.
- Tout doit aller vite, vous avez tendance à agir sans réfléchir.
- Vous êtes souvent en conflit dans votre vie professionnelle.
- Vous avez du mal à contrôler votre libido.
- Votre vie relationnelle est instable.
- Vous avez des addictions type alcool, cigarette, pornographie, etc.
- Vous avez des problèmes cardiaques ou des palpitations.
- Au volant, vous conduisez vite et vous êtes irascible envers les autres conducteurs. Il vous reste d'ailleurs peu de points sur votre permis !

APAISEZ VOTRE ARCHÉTYPE *GUERRIER*	
Observez en vous cette facette et évitez de vous identifier à elle. Rappelez-vous : vous êtes un chef d'orchestre et le *guerrier* n'est que l'un de vos musiciens intérieurs !	
Ce que je peux faire : choisissez au moins 3 actions ou attitudes à mettre en place sur les 12 proposées.	
Je médite une ou deux fois 5 minutes par jour.	
Je bois plus d'eau.	

Je prends le temps d'écouter les autres sans rien dire.	
Je passe du temps avec des personnes calmes et sensibles.	
Je diminue mes activités sportives ou sports mécaniques, je tente d'atténuer mon attrait pour la compétition ou la vitesse !	
Je me fais masser régulièrement.	
Si j'ai des rancœurs passées, je tente de les élucider en thérapie, elles peuvent avoir un impact sur mes comportements impulsifs d'aujourd'hui.	
Je pratique une ou deux activités d'endurance par semaine.	
J'évite les stimulants et/ou les excitants (café, cigarette, alcool, etc.), et je diminue ma consommation de viande rouge.	
J'essaie de dormir un peu plus (sieste également) et plus tôt.	
Je prends des bains pour me relaxer et si mon lieu de vie me le permet, des bains de mer. Je m'offre des balnéothérapies.	
Je priorise mes projets et désirs essentiels (le couple, l'amitié, la santé, le sens de ma vie, la spiritualité, la connaissance de soi, par exemple) et mets de côté ceux qui sont secondaires (m'acheter une nouvelle moto, augmenter mes performances sportives, etc.).	

Quelles activités professionnelles pour l'archétype *guerrier* ?

Il faut du mouvement et de la liberté d'action. Les efforts corporels, les travaux ou activités de plein air sont accomplis avec plaisir et sont facteurs de bien-être. Un travail statique de bureau ne sera donc pas adapté. Pour l'enfant ou l'adolescent, rester assis à l'école sera une grande frustration, qui pourra être compensée par plusieurs activités physiques.

Ainsi, toutes les professions dans le milieu des activités sportives, l'entrepreneuriat et les métiers qui procurent une sensation de liberté seront préconisés.

Comment se comporter avec une personne type *guerrier* ?

À faire

• Dans son élan, la laisser décider ou faire, puis lui soumettre plus tard une autre idée ou action si vous n'étiez pas de son avis.
• Attendre que ses colères passent pour dialoguer.
• L'aider à relativiser les situations conflictuelles lorsqu'elle est confrontée à de grosses frustrations.
• Vous faire respecter lorsqu'elle dépasse les limites. Elle en a besoin et c'est ainsi qu'elle vous respectera.
• Lui proposer des moments de détente.
• Être direct, franc et honnête avec elle.
• Lui laisser un peu de liberté, il en va de la qualité de votre relation avec elle.
• La valoriser et faire honneur à sa vigueur.
• L'aider à avoir une bonne hygiène de vie et la mettre délicatement en garde au sujet de ses excès.
• En amour, c'est une personne impulsive : tenter de respecter votre rythme au sujet de votre engagement et investissement.
• Pour l'enfant, trouver le juste milieu entre liberté d'action et limites imposées, pour l'aider à canaliser son dynamisme. Choisir dès que possible des activités de plein air plutôt que les écrans !
• Profiter de pouvoir être « wagon » puisque ce type de personnalité est plutôt « locomotive ».
• Prendre des initiatives de temps à autre pour ne pas voir votre propre facette *guerrière* s'endormir et subir !

À ne pas faire

- La provoquer frontalement.
- Tenter de la contrôler ou lui dire ce qu'elle a à faire. Mettre toujours les formes !
- Dramatiser les conflits ou les événements.
- Dire oui à ce qu'elle veut lorsque son élan est enflammé.
- Ne pas assumer ses erreurs. La personnalité *guerrière* n'aime pas l'injustice !

Les personnalités *guerrières* célèbres

Rafael Nadal, Philippe Lucas, Ayrton Senna, Marlon Brando, Jean-Paul Belmondo, Arnold Schwarzenegger, Brad Pitt, Russell Crowe dans le film *Gladiator,* Nicolas Sarkozy, Johnny Halliday, Bruce Springsteen, Mike Horn, Théodore Monod, Anthony Robbins, Josiane Balasko, Fanny Ardant, Céline Dion, Florence Foresti, Lady Gaga, Margot Robbie, Kate Hudson, etc.

Que faire si cet archétype de la personnalité semble insuffisant chez vous ?

Les signes qui ne trompent pas : entourez les points qui vous concernent.

- Vous avez du mal à prendre des décisions qui demandent un peu de courage.
- Dans les relations, il vous est difficile de vous faire respecter.
- Vous fuyez les conflits.

- Participer à un parcours accrobranches… jamais de la vie !
- Vous ne vous mettez jamais en colère.
- Vous ne pratiquez aucune activité physique régulière.
- Vous êtes très souvent fatigué.
- Vous avez une petite libido.

Attention car parfois, une carence de l'élément feu résulte d'une simple inhibition prenant sa source dans certaines culpabilités, croyances morales, devoirs ou injonctions, qui oppriment votre *guerrier intérieur*. Dans ce cas, cette facette peut être très puissante mais contenue, telle une chape de plomb sur un volcan. Cette configuration est la plus délicate au niveau psychique et physiologique.

DYNAMISEZ VOTRE ARCHÉTYPE *GUERRIER*	
Ce que je peux faire : choisissez au moins 3 actions ou attitudes à mettre en place parmi les 12 suivantes.	
Je pratique des activités sportives adaptées à mes aspirations et mes capacités. Si besoin, je me fais aider par un coach sportif.	
Je prends des décisions salutaires pour me libérer d'un surplus de contraintes ou de responsabilités.	
Je passe mon permis moto.	
Je m'entoure de personnes dynamiques et entreprenantes.	
Dans mes relations, j'ose défendre mes valeurs et mes besoins.	
Je cherche en thérapie les causes éventuelles de mes inhibitions ou de mes colères rentrées.	
Je mange plus épicé et moins d'aliments riches en lipides.	
Je fais un bilan sanguin pour vérifier mes carences en vitamines et minéraux, mon taux de fer et le taux de métaux lourds (inhibiteurs de dopamine).	

Je me déplace au maximum à vélo.	
Je pars en randonnée pédestre ou cycliste, seul ou accompagné.	
Je trouve des projets à court, moyen et long terme qui boostent mon énergie.	
Dans mes rencontres, je prends l'initiative de la conversation.	

Avez-vous un trait de personnalité *guerrier* dominant ?

Afin de percevoir quels sont, aujourd'hui, vos « *moi* » dominants, je vous propose, tout au long de la présentation des 12 archétypes, un **test de personnalité** spécifique à chaque facette. Ces tests n'ont pas de valeur en tant que diagnostic psychologique ou psychiatrique.

Dans le tableau suivant, répondez par « Plutôt VRAI » ou « Plutôt FAUX », puis totalisez vos réponses. Plus le nombre de « Plutôt VRAI » est important, plus l'archétype est dominant dans votre vie. Pour affiner ce questionnaire, faites-le remplir également par un proche qui vous connaît bien ! Ensuite partagez vos impressions…

L'ARCHÉTYPE *GUERRIER*	Plutôt VRAI	Plutôt FAUX
Je pratique régulièrement des activités physiques et sportives et/ou je suis attiré par les sports mécaniques.		
Je suis très entreprenant, j'ai toujours besoin d'avoir des projets et des objectifs à réaliser.		
J'ai tendance à me mettre facilement en colère et parfois pour des choses de peu d'importance.		
Quand j'ai décidé quelque chose, j'agis rapidement.		

J'ai du mal à supporter les contraintes car j'ai besoin de me sentir libre.		
En général je me lève tôt le matin.		
Dans une file d'attente, si quelqu'un me double, je me fais respecter immédiatement.		
En vacances je suis dynamique, je ne peux pas rester sans rien faire.		
J'aime particulièrement les films d'action et d'aventure.		
Je suis de nature franche, je dis ce que je pense aux autres.		
Mes désirs sexuels sont importants.		
J'ai parfois des inflammations (rougeurs de la peau, tendinites fréquentes, palpitations cardiaques, hypertension, etc.).		
TOTAUX		

Résultats

De 0 à 3 (Plutôt VRAI) : votre facette *guerrière* semble faible ou sous l'influence d'un autre archétype dominant, aux fonctions opposées (*l'idéaliste* ou la facette *maternelle*). Quelle relation entretenez-vous avec elle ? N'oubliez pas que cette force archétypale fait partie de votre « orchestre intérieur » et qu'on a besoin d'elle à certains moments ! Inspirez-vous des propositions du tableau « Dynamisez votre archétype *guerrier* ».

De 4 à 8 : votre *guerrier intérieur* peut s'exprimer sans trop perturber votre vie de tous les jours. Vous êtes dynamique et savez aussi vous reposer et rester au calme.

De 9 à 12 : vous possédez une force dynamique et entreprenante indéniable. Est-elle excessive dans certaines situations de votre quotidien ? A-t-elle un impact négatif sur votre santé et votre vie relationnelle ? Inspirez-vous des propositions du tableau « Apaisez votre archétype *guerrier* ».

MANDALA DE L'ARCHÉTYPE *GUERRIER*

Pour le télécharger en grand format, rendez-vous page 2.

Rituel d'intégration

Pour terminer cette étude, je vous propose une cérémonie sacrée pour entrer en relation symbolique et énergétique avec votre archétype *guerrier* ou *conquérant*.

Préparation

1. Accordez-vous 30 minutes.
2. Organisez-vous pour ne pas être dérangé.
3. Choisissez un endroit harmonieux.
4. À côté de vous, placez une bougie qui représentera l'élément FEU.

Rituel : reliez-vous à l'énergie de votre *moi-guerrier,* coloriez le mandala ci-contre avec uniquement les couleurs ROUGE et JAUNE (+ blanc). Laissez-vous guider par votre intuition et accueillez avec bienveillance l'expression symbolique de cette facette de votre identité.

Évolution d'intégration : si vous considérez que cet archétype mérite un travail d'harmonisation dans votre vie, refaites régulièrement ce rituel pour voir l'évolution de votre mandala *guerrier.* Pour ce faire, photocopiez-le avant de commencer votre coloriage.

AIDE FLORALE (fleur de Bach)

Impatiens **– Impatience**

Pour harmoniser votre *guerrier intérieur* : 4 gouttes sous la langue, 2 fois par jour minimum, durant 3 semaines ou lors des périodes très agissantes de votre *moi-guerrier*.

LA PERSONNALITÉ
TYPE SENSUEL

L'intelligence kinesthésique et naturaliste

« Cultiver la vie comme un acte d'amour. »
Thomas Moore

Force naturelle et symbolisme

La pulsion de vie qui animait la graine pour éclore (archétype *guerrier*) doit maintenant se confronter au contact de la terre pour cheminer vers la lumière. Cette force archétypale de persévérance a besoin de points d'appuis « terrestres » et de stabilité pour atteindre ses objectifs. Il sera naturel de trouver chez l'archétype *sensuel* un besoin de bâtir, de posséder et surtout de toucher. La peau étant le premier organe au contact de l'extérieur, ce type d'intelligence détient une importante compétence kinesthésique.

Psychologie, besoins et compétences

La personnalité *sensuelle* voit le monde comme une ressource qui l'aidera à s'épanouir. Elle met donc l'accent sur « l'avoir ». Pour elle, le monde se mesure et son instrument de mesure est l'ensemble de ses sens. Elle a besoin de toucher, goûter, regarder et admirer, sentir, afin de déterminer la valeur des choses. Elle se fie à son instinct de plaisir. Tout ce qui peut la rassurer et nourrir ses sens la passionne.

Le trait de personnalité *sensuel* cherche son confort et sa sécurité dans le monde de la matière et la volupté au sein de la nature. Ses sens y sont nourris et les échanges d'énergie plus intensément vécus que pour n'importe quel autre type de personnalité. Pour comprendre sa psychologie, reportons-nous à ce moment si doux et nourricier qu'est le premier contact du nouveau-né avec la matière : le peau à peau avec la mère. La personnalité sensuelle en est marquée, en « positif » ou en « négatif ». En absence de ce peau à peau, l'enfant à la force *sensuelle* cherchera toute sa vie à combler ce premier contact charnel. Dans le cas d'un peau à peau satisfaisant et rassurant, l'individu s'épanouira dans ses relations charnelles avec ses partenaires ou la nature en général.

Si vous faites partie de ces personnes à l'intelligence kinesthésique et sensuelle dominante, votre relation avec la matière peut prendre des formes différentes : l'envie de travailler la terre et être proche de la nature, de cuisiner et stimuler votre odorat, de vous blottir dans les bras d'un proche ou encore de bâtir de vos propres mains une maison !

La puissance des sens induit une forte libido. L'amour charnel est peut-être le moment parfait et idéal pour l'épanouissement de l'archétype sensuel. Quoi de mieux que d'échanger et de se sécuriser au contact d'un autre corps ?

Difficultés psychologiques

La démesure de la possessivité ou de l'attachement peut entraîner avec le temps un esprit matérialiste et un comportement consumériste, et, pour d'autres, un érotisme exacerbé naviguant entre libertinage et jalousie. Les charmes qui animent la personnalité *sensuelle* peuvent la pousser à abuser parfois de son pouvoir érotique surtout si certains traumatismes de l'enfance, liés à ses premières expériences sensuelles (toucher, odorat, goût...) ou sexuelles, n'ont pas été clarifiés.

Mais la difficulté majeure pour ce type de personnalité, c'est la perte de l'objet désiré, la rupture d'attachement vis-à-vis d'une relation, d'un animal de compagnie, d'un lieu de vie ou tout changement qui demande de lâcher quelque chose pour accueillir du nouveau. La douleur du deuil sera d'autant plus intense et compliquée que l'attachement aura été important. Ces périodes de détachement ou de « sevrage » resteront toujours une épreuve voire une initiation, parfois un traumatisme inconscient. Cette insécurité dans la perte se retrouve à l'âge adulte sous différentes formes : jalousie, accumulation de biens matériels allant de l'avarice aux crédits à la consommation. La personnalité *sensuelle* a du mal à sortir de sa zone de confort, ses habitudes et son environnement matériel. Il arrive que ces excès provoquent une prise de conscience salutaire et un besoin immédiat de se libérer de toute possession afin de retrouver une vie de sensualité dans la nature. Ainsi, le banquier ou le promoteur immobilier décidera du jour au lendemain de tout quitter pour vivre dans une ferme avec des animaux.

L'exemple de Louisa

Louisa était un bébé qui ne pouvait pas se séparer de sa mère sans pleurer. Le sevrage fut une épreuve. À l'entrée en maternelle, nouvelle épreuve, des cris et des larmes lors des séparations. Il fallut des semaines pour qu'elle s'y adapte plus ou moins bien. Louisa a toujours eu besoin de se blottir auprès de sa mère ou de rester près de ses chats. Plus tard, l'équitation devint son passe-temps favori, mais surtout pour prendre soin des chevaux.

Le divorce de ses parents fut probablement le drame de sa vie. Sa sécurité intérieure s'effondra et elle s'adapta encore plus difficilement à tous les changements qui suivirent. L'entrée au collège fut à nouveau une grande difficulté et, au lycée, elle se sentit vite à l'écart. Son premier amour la marqua au fer rouge. Dès le début, cette relation prit des proportions inquiétantes tant les humeurs de Louisa en dépendaient. À 16 ans, elle envisageait déjà une vie de couple stable et durable. Elle était convaincue que ce serait l'unique amour de sa vie. Malheureusement, l'investissement n'était pas réciproque. Il y eut plusieurs ruptures de la part de son compagnon et Louisa, dans ces périodes-là, manifestait sa détresse de façon spectaculaire. À chaque fois, elle arrivait à reconquérir son amoureux. Son smartphone devint le moyen de mesurer l'investissement amoureux de son compagnon. Il joua ainsi un rôle négatif dans sa scolarité en l'empêchant de se concentrer pour faire ses devoirs. Les parents manquèrent peut-être de rigueur, mais c'était pratiquement impossible de s'opposer à ses crises et à sa passion amoureuse.

Les problèmes scolaires s'accentuaient en même temps que s'installaient la phobie de l'échec et le retrait social. Quand son compagnon quitta le lycée l'année du baccalauréat, elle plongea dans une première dépression, accompagnée d'une déscolarisation. Souffrant toujours plus d'insécurité affective, elle n'arrivait à rien entreprendre au sujet de son avenir professionnel. Son amoureux la quitta encore deux fois, mais le couple se reformait toujours. Enfermée dans ses attentes et l'ennui, enchaînant à grand-peine les petits boulots, elle sombra à 21 ans dans une profonde dépression. Les thérapies et les prises en charge s'enchaînèrent sans succès. Seuls ses chats et ses séances d'équitation lui apportaient du réconfort. Elle était désormais incapable d'aller dans le monde car son estime personnelle était catastrophique. Louisa déclencha nombre de comorbidités qui eurent raison de son équilibre psychique et, à 22 ans, elle fut hospitalisée en psychiatrie. Depuis son enfance, chaque changement, chaque séparation avait été une épreuve insurmontable, et il s'était accumulé en elle un trop-plein de traumatismes. Louisa était aux prises avec ses forces sensuelles *d'attachement et rien jusqu'alors n'avait répondu à son besoin de sécurité. Avec le temps, son état s'est stabilisé. Louisa est toujours prise en charge médicalement et psychologiquement, mais ses proches sont optimistes au vu de ses progrès et de son envie, même timide, de reprendre sa vie en main. Tout dépendra de sa capacité à se détacher des personnes qui ne répondent pas à son besoin de sécurité affective.*

L'archétype ou le trait de personnalité complémentaire

Ici, il s'agit de développer l'archétype du *critique intérieur* qui aidera le trait de personnalité *sensuel* et matérialiste à faire le deuil de ce qu'il a acquis. Les traits de personnalité *guerrier* et *épicurien* pourront également aider à le sortir des différentes « zones de confort ».

Reconnaître la personnalité type *sensuel*

Le comportement

Déterminée et persévérante, la personnalité *sensuelle* et matérialiste veut bâtir sa vie. Son besoin d'interactions avec le monde implique un fort lien à ce qu'elle touche ou construit. Elle est franche, honnête, et très attachée à sa sécurité et son ancrage ; l'emmener au bout du monde ne sera pas facile, ou alors par amour ! « Si je t'aime prends garde à toi ! » disait Carmen la sensuelle. La personnalité sensuelle est en effet on ne peut plus fidèle, et si elle s'attache à vous, elle ne vous lâchera pas facilement ! Si vous ne pouvez pas répondre à son besoin de sécurité, de sensualité et d'attachement, laissez-la en paix car elle est de celles qui sombrent alors facilement. Mais si sa relation avec la nature et ses animaux est forte, un peu comme l'actrice Brigitte Bardot, elle saura continuer son chemin avec une grande joie de vivre.

L'attitude

La personnalité *sensuelle* présente une certaine prestance et une facilité à entrer en relation. Le charme prédomine et elle aura besoin de poser sa main sur votre épaule et de s'assurer de votre affection.

Intuitivement, notez de 1 à 10 l'importance de ce trait de personnalité chez vous.

1	2	3	4	5	6	7	8	9	10

Que faire si cet archétype intérieur semble trop dominant chez vous ?

Les signes qui ne trompent pas : entourez les points qui vous concernent.

- Les séparations et les deuils me sont insupportables.
- J'ai tendance à accumuler les biens et les richesses.
- Je n'ai jamais quitté le quartier, le village ou la région de mon enfance.
- Je ne peux pas m'arrêter de construire, bricoler, je pourrais faire ça toute ma vie.
- Je suis incapable de rester plus d'une journée dans une grande ville.
- Je n'ai pas du tout le goût des voyages.
- Mes désirs charnels sont insatiables.

APAISEZ VOTRE ARCHÉTYPE *SENSUEL*	
Ce que je peux faire : choisissez au moins 3 actions ou attitudes à mettre en place parmi les 12 suivantes.	
Je fais le tri des objets qui ne me servent plus, je les donne sans rien attendre en retour.	
J'ai le courage de me détacher des relations qui ne me nourrissent pas ou m'insécurisent.	
Je m'engage en psychothérapie pour clarifier les deuils non faits de mon passé.	
J'apprends à cohabiter ou à partager mon habitat.	
J'apprends à me détacher des autres, à laisser un peu d'espace dans mes relations.	
Dès que je me sens dépossédé, je me répète la phrase suivante : « Je suis ouvert aux changements qui favorisent ma croissance. »	
Je remets en question ma quête de sécurité financière ou matérielle, je fais le point sur ce dont j'ai réellement besoin.	
Je développe des activités intellectuelles et culturelles.	
Je m'ouvre à la spiritualité pour prendre de la hauteur sur les choses matérielles de la vie et dépasser les épreuves affectives.	
Je sors de ma zone de confort et je pars en voyage de temps en temps.	
J'ai le courage de changer de lieu de vie et de région.	
Je participe à des ateliers de constellations familiales si dans mes générations précédentes, il existe un fort lien avec un lieu de vie, un domaine terrien, etc.	

Quelles activités professionnelles pour l'archétype *sensuel* ?

Les métiers liés à la terre et à la nature : permaculture, agriculture, viticulture, archéologie, tous les métiers du bâtiment ; les activités où les sens sont mis en avant : chef cuisinier ou restaurateur, masseur kinésithérapeute, dermatologue, sage-femme ; les métiers de l'équitation, berger, vétérinaire ; esthéticien, sommelier, naturopathe ; enfin tout ce qui concerne la protection de l'environnement, la défense des animaux et des milieux marins, etc.

Comment se comporter avec une personnalité type *sensuel* ?

À faire

- Être intègre et franc avec elle.
- Lui montrer que vous êtes une personne de confiance.
- Accepter qu'elle cherche la proximité ou qu'elle soit tactile avec vous.
- Poser délicatement des limites vis-à-vis de son désir d'attachement ou de possessivité.
- En amour, ne pas jouer pas avec elle, s'engager ou s'abstenir.
- L'accompagner dans ses changements de vie. Ne pas être surpris de sa difficulté à lâcher prise sur le passé.
- Accepter un zeste de jalousie mais défendre tout de même sa liberté.
- Respecter son territoire, ses affaires, etc.
- Tenter de la faire sortir de temps en temps de sa zone de confort.
- Lui proposer des sorties dans la nature et s'inspirer de sa relation avec le monde du vivant.

Pour un enfant

- Le sécuriser le plus possible.
- Favoriser le peau à peau, le toucher et les massages.
- L'aider à trier ses affaires.

• Développer sa spiritualité.
• Préparer tous les grands changements : deuil, école, divorce, déménagement, etc.
• L'aider de temps à autre à prêter ses affaires.
• Lui apprendre à cultiver son indépendance.
• Lui acheter un animal de compagnie.

À ne pas faire

• Céder à chacun de ses caprices (pour soutenir son apprentissage du détachement).
• Utiliser ses affaires sans le lui demander.
• La laisser avoir de l'emprise sur vous.
• En amour, être frivole.
• Se laisser trop attendrir.
• L'écarter de son milieu naturel ou lui imposer une vie citadine.
• L'installer dans une insécurité financière.

Les personnalités *sensuelles* célèbres

Shakira, Iggy Pop, Joe Cocker, George Lucas, Andie MacDowell, Cate Blanchett, Brigitte Bardot, Jean-Paul Gaultier, Camille Lacourt, David Beckham, Gabriela Sabatini, Antoine Dupont, Paul Bocuse, Pierre Rabhi, etc.

Que faire si cet archétype de la personnalité semble insuffisant chez vous ?

Les signes qui ne trompent pas : entourez les points qui vous concernent.

- Vous êtes un véritable citadin et vous n'avez aucun goût pour la vie à la campagne.
- Vous n'aimez pas qu'on vous touche ou qu'on vous masse.
- Vous vivez au jour le jour et ne possédez aucun bien immobilier.
- Vous avez du mal à profiter des bienfaits de la nature (randonnées, bains de mer, coucher du soleil, etc.).
- Vous avez horreur de la sédentarité.
- Vous changez d'affaires, de voiture, de lieu de vie ou de relations comme de chemise.

DYNAMISEZ VOTRE ARCHÉTYPE *SENSUEL*	
Ce que je peux faire : choisissez au moins 3 actions ou attitudes à mettre en place parmi les 12 suivantes.	
Je me fais masser une fois par mois.	
J'acquiers un animal de compagnie.	
Je passe plus de temps dans la nature.	
Je fais du jardinage, de la poterie, etc.	
Je prends le temps de cuisiner et m'ouvrir à toutes les saveurs.	
Si je peux, j'investis dans un bien immobilier que je rénove.	
Je pratique la danse à deux.	
Je participe à des stages de massages ou de tantra.	

Je prends plus soin de mes affaires et de mes objets.	
Je décore mon intérieur avec plus de plantes vertes.	
J'achète un diffuseur d'huiles essentielles pour mon habitat.	
Je m'investis dans une cause qui défend l'environnement et les milieux naturels.	

Avez-vous des traits de personnalité type *sensuel* ?

Dans le tableau suivant, répondez par « Plutôt VRAI » ou « Plutôt FAUX » et totalisez vos réponses. Plus le nombre de « Plutôt VRAI » est important, plus l'archétype paraît dominant dans votre vie. Pour affiner ce questionnaire, faites-le remplir également par un proche. Ensuite partagez vos impressions…

L'ARCHÉTYPE *SENSUEL*	**Plutôt VRAI**	**Plutôt FAUX**
Je suis très tactile, j'ai besoin de toucher et d'être touché.		
Le goût et l'odorat sont hyper développés chez moi.		
Je n'aime pas que l'on utilise mes affaires.		
En amour, je suis assez possessif.		
J'ai besoin d'être en sécurité financière.		
J'aime collectionner (habits, chaussures, objets divers, etc.).		
J'ai du mal à accepter les grands changements.		
Mon rapport à la nourriture n'est pas simple.		
Je suis plutôt sédentaire.		
J'ai une forte libido.		
Je suis de nature obstinée.		
J'ai un rapport très fort avec les animaux et la nature.		
TOTAUX		

Résultats

De 0 à 3 (Plutôt VRAI) : votre facette *sensuelle* est faible ou sous influence d'un archétype opposé (le *responsable, l'idéaliste* ou la facette *guerrière*). Questionnez-vous sur la compréhension et la relation que vous entretenez avec cette facette. Tentez de mettre en œuvre certaines propositions du tableau « Dynamisez votre archétype *sensuel* ».

De 4 à 8 : votre facette *sensuelle* s'exprime de façon équilibrée dans votre quotidien, avec un bon rapport aux choses et aux éléments de la nature. Continuez à la nourrir.

De 9 à 12 : vous possédez une grande sensualité et un très fort lien avec la nature. C'est un don, mais veillez à ce que votre sécurité intérieure ne dépende pas que des autres (compagnon, amis, animaux, etc.) ni de votre compte en banque. Apprenez à tourner la page lors des grands changements, afin d'accueillir les cycles de transformation. Inspirez-vous de certaines propositions du tableau « Apaisez votre archétype *sensuel* ».

MANDALA DE L'ARCHÉTYPE *SENSUEL*

Pour le télécharger en grand format, rendez-vous page 2.

Rituel d'intégration

Pour terminer cette étude, je vous propose une cérémonie sacrée qui vous permettra d'entrer en relation symbolique et énergétique avec votre facette *sensuelle*.

Préparation en amont

1. Accordez-vous 30 minutes.
2. Organisez-vous pour ne pas être dérangé.
3. Choisissez un endroit harmonieux.
4. À côté de vous, placez une coupole avec de la terre ou du sable qui représentera l'élément TERRE.

Rituel : en vous reliant à l'énergie de votre *moi-sensuel,* coloriez le mandala ci-contre avec uniquement les couleurs MARRON CLAIR et VERT (+ blanc). Laissez votre intuition vous guider et accueillez avec bienveillance l'expression symbolique de cette facette de votre identité.

Évolution d'intégration : si cette force archétypale mérite un travail d'harmonisation dans votre vie, refaites régulièrement ce rituel pour voir l'évolution de votre mandala sensuel. Pour ce faire, photocopiez-le avant de commencer votre coloriage.

AIDE FLORALE (fleur de Bach)

Honeysuckle – *Chèvrefeuille*

Pour vous accompagner dans les changements de vie qui nécessitent de se défaire de ce que l'on a « possédé » intimement : 4 gouttes sous la langue, 2 fois par jour minimum, durant 3 semaines ou lors des périodes très agissantes de votre facette *sensuelle*.

LA PERSONNALITÉ
TYPE MESSAGER

L'intelligence adaptative ou diplomatique

« Le grand Népomucène, le fort en maths regardait Laure de travers. Il sentait confusément que sa voisine lui était supérieure par quelques endroits, mais il se refusait à croire que ce fût à cause de cette bagatelle : elle lisait. »

Pierre Magnan, *Laure du bout du monde*[4]

Force naturelle et symbolisme

L'archétype du *messager* représente la découverte aérienne de la jeune pousse qui, sortie de terre, explore son environnement avec souplesse et adaptabilité. Il symbolise ainsi la curiosité et la recherche de connaissance de son environnement afin de trouver sa juste place et s'épanouir.

4. Éditions Denoël, 2006.

Psychologie, besoins et compétences

Ne réduisons pas ce type de force à un archétype univoque tant il représente de multiples compétences. La première étant la curiosité et la capacité d'intégrer une multitude d'informations afin d'en communiquer l'essence. Orateur et diplomate, le *moi-messager* transmet au monde le résultat de ses propres recherches et il offrira toujours la communication comme une alternative plus civilisée que la force.

Éternellement jeune et curieuse, la personnalité *messagère* a été incarnée par le fameux Peter Pan. Il est même question, en psychologie, du syndrome de Peter Pan, évoquant ainsi une difficulté et une peur de devenir adulte chez certains individus. Cette dynamique concerne particulièrement les personnes marquées par la facette *messagère*.

Le caractère ambigu, à la fois yin et yang, de ce tempérament rend l'individu comparable au caméléon, parfois incapable non seulement en effet de faire un choix, mais aussi d'affirmer une idée, tant qu'il doute ou qu'il n'a pas encore trouvé sa propre vérité. De type « blé au vent », il épouse ainsi le ton, les gestes et parfois les qualités de son interlocuteur, ce que ce dernier peut juger comme un manque de caractère alors qu'il fait preuve d'humilité et d'intelligence supérieure.

Le doute est en effet souvent considéré comme un défaut issu d'un manque de confiance en soi, alors qu'il représente une des caractéristiques des individus à la recherche de la vérité.

En définitive, cette quête de la vérité s'apparente à la capacité de transformer l'ombre en lumière ou le plomb en or... Une fois cette vérité trouvée, la personnalité *messagère*, artiste de l'éloquence, transmettra ses connaissances au monde.

Difficultés psychologiques

En attendant cet accomplissement, son défi principal est sa difficulté à faire des choix et sa tendance à vouloir toujours tout comprendre, en résumé, à se prendre la tête !

Il n'est pas rare que cette force intérieure provoque une anxiété chronique et parfois des attitudes hypocondriaques, à l'instar de l'archétype du *perfectionniste*. D'une manière générale, le mental provoque une déconnexion de l'individu d'avec ses émotions, ses sensations corporelles, le menaçant de ne plus voir le monde que par l'intellect.

L'activité mentale et nerveuse que produit cette force archétypale peut nous éloigner de notre capacité à vivre sensuellement et calmement l'instant présent, fondement de toute expérience et connaissance réelle. C'est aussi le mythe de l'explorateur cherchant la vérité à travers le monde pour s'apercevoir que tout était déjà là, en lui, et que sa place se trouve près de son foyer d'origine.

L'exemple de Charlène

Charlène est une patiente très marquée par ce trait de caractère. Institutrice, elle consulte pour des tensions cervicales et un stress permanent. Au cours de l'anamnèse, elle m'indique avoir toujours eu beaucoup de difficultés à faire des choix dans tous les domaines. Aujourd'hui, elle est dans une période charnière de sa vie professionnelle. Elle hésite entre vivre et travailler en France ou à l'étranger, et plusieurs métiers l'intéressent. Elle doute d'elle-même et se pose mille questions sur son avenir. Elle me parle de son « vélo dans la tête » qui l'épuise. Grâce à l'étude de ses traits de personnalités innés, Charlène réalise en quoi cette facette dominante type messager *lui est profitable. Certes, elle a toujours vécu dans l'incertitude, mais cela lui a permis de s'ouvrir à une multitude de réflexions et d'apprentissages. Ses envies d'apprendre, de comprendre et aujourd'hui d'enseigner en sont en partie le résultat. Charlène aimerait néanmoins être moins perdue dans sa vie et se satisfaire de ses choix.*

Avant de donner un sens précis à sa vie, ne devrait-elle pas continuer de chercher, d'expérimenter plusieurs voies ? La solution n'est-elle pas de laisser les choses évoluer par elles-mêmes ? Deux ans après, Charlène est plus épanouie, moins dans le doute et la culpabilité. Elle a quitté son métier d'institutrice et vit alternativement dans deux pays grâce à deux métiers qui la passionnent, l'un en Argentine dans le domaine de la culture, l'autre en France dans l'organisation des festivals d'été. Et elle se dit prête à changer encore si les rencontres et les événements l'y invitent. Ses études et ses diplômes lui permettront toujours, dit-elle, de rebondir dans d'autres directions. Charlène se dit satisfaite de sa vie professionnelle mais cette configuration ne favorise pas sa stabilité affective. Elle rencontre justement un problème de choix amoureux car elle est séduite depuis quelques mois par deux personnes, l'une en Argentine et l'autre en France ! Elle a décidé de prendre son temps pour sonder ses sentiments puis d'adapter à nouveau sa vie professionnelle si besoin. Petit à petit, Charlène apprend à faire des choix qui, elle le sait, lui demandent plus de temps qu'à d'autres.

L'archétype ou le trait de personnalité complémentaire

La personnalité *épicurienne* et *sociale*, toujours sûre d'elle, optimiste et bien ancrée dans l'instant présent, correspond à ce que cherche l'individu à la force *messagère* dominante. Toutefois, la personnalité *épicurienne*, avec son pouvoir social et son enthousiasme idéologique, peut rapidement prendre le contrôle sur la personnalité humble et diplomate du type *messager*.

Reconnaître la personnalité type *messager*

Le comportement

Ce type de caractère s'intéresse à tout, questionne et sera toujours partant pour philosopher, parler de l'actualité ou jouer à des jeux de société. Vous n'aurez pas à défendre vos idées car la personnalité *messagère* sera toujours prête à changer de point de vue si vos arguments ou vos connaissances sont plus pertinents que les siennes. Son humilité fait du bien dans la conversation et tout semble facile avec elle. Vous lui proposez d'aller marcher sur la plage ce matin ? Oui, super ! Ah non, finalement, vous préférez faire du vélo ou encore aller faire le marché ? Impeccable, ça lui va aussi ! Bien que facile à vivre, ne vous y trompez pas, c'est souvent une personne soucieuse !

L'attitude

La physionomie de la personnalité type *messager* est androgyne, semblable à celle que les artistes antiques fixèrent pour représenter le dieu Hermès. D'aspect toujours juvénile, cette facette de la personnalité, lorsqu'elle domine la constitution de l'individu, possède un corps souple, mince et élancé, et son attitude est animée et gesticulante. La musculature n'est jamais massive et il sera difficile, pour un tel individu, de prendre du poids, d'autant qu'il a un appétit modéré. Instable, il lui est difficile de conserver la même position pendant longtemps, il va et vient, et lors des conversations, il ne cesse d'agiter les mains en tapotant nerveusement des pieds.

Intuitivement, notez de 1 à 10 l'importance de ce trait de personnalité chez vous.

1	2	3	4	5	6	7	8	9	10

Que faire si cet archétype de la personnalité semble trop dominant chez vous ?

Les signes qui ne trompent pas : entourez les points qui vous concernent.

- Je doute de tout et tout le temps.
- Dans ma vie amoureuse, je n'arrive pas à me positionner ou m'engager.
- Je fais toujours plusieurs choses en même temps.
- J'ai toujours la « bougeotte ».
- Quand je prends la parole, on ne m'arrête plus.
- Je suis plutôt coupé de mes émotions.
- La vieillesse m'angoisse.
- J'ai beaucoup de mal à m'endormir à cause de mon « vélo dans la tête ».
- Plusieurs livres m'attendent sur ma table de nuit.

APAISEZ VOTRE ARCHÉTYPE *MESSAGER*	
Ce que je peux faire : choisissez au moins 3 actions ou attitudes à mettre en place parmi les 12 suivantes.	
Je rnédite 10 minutes par jour en travaillant sur ma respiration.	
Je m'exerce à faire une chose à la fois.	
Je pratique le yoga une ou deux fois par semaine.	
Je pratique le choix, en tant qu'exercice !	
Je me fais masser une fois par mois.	
Je prends des douches froides pour calmer mon système nerveux.	
Je pratique une activité physique régulière.	
Je prends des cours de poterie, de peinture, de danse, etc., pour revenir à la matière.	
Je participe à des stages de développement spirituel.	
J'exprime mes émotions et mes sentiments au lieu de les analyser.	
Je vais régulièrement randonner et prendre l'air à la montagne	
Je m'engage dans une psychothérapie corporelle.	

Quelles activités professionnelles pour l'archétype *messager* ?

Tous les métiers de la communication et du commerce, du journalisme, de l'enseignement en général, des langues et des lettres en particulier. Le métier d'écrivain ou conférencier s'avère un idéal pour les personnalités au trait de caractère *messager* dominant !

Comment se comporter avec une personnalité type *messager* ?

À faire

- Valoriser sa curiosité et son besoin de diversité.
- Utiliser l'humour pour apaiser sa nervosité.
- Dans la conversation, la ramener à ce qu'elle ressent plutôt qu'à ce qu'elle pense ou analyse.
- Lui proposer des choses nouvelles à découvrir et à expérimenter.
- À ses côtés, ralentir et parler lentement.
- L'aider à faire des choix, quitte à ce qu'elle revienne sur ses décisions après les avoir expérimentées.
- Parler spiritualité pour l'aider à voir les choses de manière plus holistique et moins analytique.
- La responsabiliser.

À ne pas faire

- La critiquer sur sa difficulté à faire des choix et à vouloir tout comprendre et tout savoir.
- Lui dire qu'elle est immature, car elle incarne naturellement la jeunesse.
- La sous-estimer et prendre l'ascendant sur elle sous prétexte qu'elle a du mal à se positionner ou affirmer ses idées.
- Être trop sérieux avec elle.
- L'encombrer de choses à faire, c'est déjà une véritable toupie !

- Restreindre sa liberté de mouvement, elle a besoin d'air et d'espace.
- Lui mettre une pression au travail, elle s'en met toute seule.

Les personnalités type *messager* célèbres

Le comte de Saint-Germain, Alexander Von Humboldt, Jean d'Ormesson, Thierry Janssen, Prince, Mika, Annie Cordy, Michel Drucker, Victoria Abril, Kristen Stewart, etc.

Que faire si cet archétype de la personnalité semble insuffisant chez vous ?

Les signes qui ne trompent pas : entourez les points qui vous concernent.

- Je n'ai aucun intérêt pour les études, la lecture ou l'écriture.
- Je me remets rarement en question.
- Je vis au jour le jour, je ne m'inquiète jamais de rien.
- Quand je prends une décision, je ne reviens jamais en arrière.
- Je n'aime pas les jeux en général.
- Les gens indécis m'insupportent.
- Je suis franc et direct, je ne prends pas de gants pour parler.
- Je ne suis pas à l'aise avec les jeunes.

DYNAMISEZ VOTRE ARCHÉTYPE *MESSAGER*	
Ce que je peux faire : choisissez au moins 3 actions ou attitudes à mettre en place parmi les 12 suivantes.	
Je m'inscris à une association de jeux (échecs, belote, tarot, jeux de société, etc.) ou j'organise des soirées jeux.	
Je m'entoure de personnes jeunes et dynamiques.	
J'apprends quelques blagues pour animer mes soirées.	
Je prends le temps de lire un livre.	
J'expérimente des activités (danse, langue, bricolage, informatique, sport, etc.).	
Je m'engage dans une psychothérapie pour mieux me connaître.	
Je vais à des conférences sur des sujets divers et variés.	
Je m'inscris à une formation, en présentiel ou en ligne.	
Je m'intéresse au parcours de vie des personnes de mon entourage.	
Je pratique des activités de plein air.	
Je remets en cause mes croyances et mes certitudes.	
J'écris mes mémoires.	

Avez-vous un trait de personnalité *messager* dominant.

Dans le tableau suivant, répondez par « Plutôt VRAI » ou « Plutôt FAUX » et totalisez vos réponses. Plus le nombre de « Plutôt VRAI » est important, plus l'archétype est dominant dans votre vie. Pour affiner ce questionnaire, faites-le remplir également par un proche. Partagez ensuite vos impressions.

L'ARCHÉTYPE DU *MESSAGER*	Plutôt VRAI	Plutôt FAUX
Je suis assez étourdi.		
Je suis très mental et nerveux.		
Je suis souvent en formation (études, stages, etc.) ou mon métier est lié à l'enseignement.		
On me dit humble et diplomate.		
J'aime les jeux et tout type de divertissement.		
J'apprécie les activités manuelles et/ou de bricolage.		
Je me remets facilement en question.		
J'ai du mal à faire des choix dans ma vie.		
J'aime les voyages et découvrir le monde.		
On dit que je ne fais pas mon âge.		
Je suis sujet à des allergies et/ou à des problèmes respiratoires (passés et/ou présents).		
J'ai du mal à ressentir mes émotions.		
TOTAUX		

Résultats

De 0 à 3 (Plutôt VRAI) : votre facette *messagère* semble endormie ou sous l'influence d'un autre archétype opposé (l'*épicurien,* le *responsable* ou encore la facette *maternelle*). Peut-être qu'elle vous manque dans votre communication ou vos apprentissages ? Inspirez-vous du tableau « Dynamisez votre archétype *messager* ».

De 4 à 8 : votre archétype *messager* s'exprime sans perturber votre vie de tous les jours dans le trop ou pas assez. Nourrissez ce trait de personnalité en apprenant avec plaisir dans les domaines de votre choix !

De 9 à 12 : vous possédez une grande sensibilité à l'apprentissage et à la recherche de la vérité. Il vous sera toutefois nécessaire d'exprimer parfois une autre facette de votre personnalité pour reposer votre intellect et vous relier à vos émotions ! Inspirez-vous de certaines propositions du tableau « Apaisez votre archétype *messager* ».

MANDALA DE L'ARCHÉTYPE *MESSAGER*

Pour le télécharger en grand format, rendez-vous page 2.

Rituel d'intégration

Pour terminer cette étude, je vous propose une cérémonie sacrée qui vous permettra d'entrer en relation symbolique et énergétique avec votre archétype *messager*.

Préparation en amont

1. Accordez-vous 30 minutes.
2. Organisez-vous pour ne pas être dérangé.
3. Choisissez un endroit harmonieux.
4. À côté de vous, placez une plume d'oiseau qui représentera l'élément AIR.

Rituel : reliez-vous à l'énergie de votre *moi-messager*, coloriez le mandala ci-contre avec uniquement les couleurs BLEU CLAIR et GRIS (+ blanc). Laissez votre intuition vous guider dans ce travail et accueillez avec bienveillance l'expression symbolique de cette facette de votre identité.

Évolution d'intégration : si cet archétype mérite un travail d'harmonisation dans votre vie, refaites régulièrement ce rituel pour voir l'évolution de votre mandala *messager*. Pour ce faire, photocopiez-le avant de commencer votre coloriage.

AIDE FLORALE (fleur de Bach)

Cerato

Pour apprivoiser cet archétype intérieur et trouver votre propre vérité : 4 gouttes sous la langue, 2 fois par jour minimum, durant 3 semaines ou lors des périodes très agissantes de votre *messager*.

LA PERSONNALITÉ *TYPE MATERNEL*

L'intelligence émotionnelle et empathique

« Une mère vaut une centaine de gourous. »
Proverbe hindou

Force naturelle et symbolisme

C'est un moment du cycle végétal où la plante développe ses racines pour mieux affronter l'expansion à venir. Tout est concentré sur une **recherche d'appartenance** aux origines, avec un fort besoin d'être materné ou de se materner soi-même. Ainsi, la force archétypale type *maternel*, symbole du foyer, nous permet de ressentir tout ce qui peut porter atteinte à la sécurité, au confort et à la tendresse dont nous avons besoin pour nous épanouir. À la moindre alerte, les émotions surgiront. L'instabilité émotionnelle est donc fréquente en raison de la nécessité constante de ce « cocooning » fondamental. Auparavant, on appelait ces personnalités « lunatiques ».

Cet archétype a des analogies avec l'enveloppe protectrice du placenta, organe « racine » nourricier par excellence. Les personnalités *maternelles* ont un lien fort et privilégié avec le foyer d'origine, et leur mère en particulier. Elles seront donc très sensibles à leur propre foyer et à l'harmonie qui y règne.

Psychologie, besoins et compétences

Tendresse et don de soi, réceptivité, imagination, empathie, capacité à prendre soin de l'autre tout en étant à l'écoute de soi sont les qualités et les vertus de cette facette de l'identité présente en chacun de nous.

La sensibilité nerveuse de cette facette est particulièrement réactive à la souffrance ou à la vulnérabilité. Ce principe maternant et nourricier est animé par **l'empathie.**

Cette force *maternelle* ou *altruiste* est donc fortement sensible aux premières imprégnations de l'enfance. La relation de la mère à son nouveau-né sera pour l'adulte en devenir un fondement pour sa vie relationnelle ainsi que sa capacité à être satisfait. Du lien entre la tendresse reçue et la qualité de réponse aux besoins nourriciers dans les premiers mois de notre existence dépendra en effet la qualité d'autonomie de l'adulte et de ses impacts sur la société et l'environnement. Pour autant, si le besoin fondamental de cette facette est lié à la sécurité du « nid » d'origine, le but n'en est pas moins de s'en émanciper.

Si le lien avec la mère ou le père n'a pas été suffisamment nourricier pour l'enfant, et que la tendresse et la sécurité ont manqué, probablement sera-t-il nécessaire de revisiter cet ancrage psychologique et émotionnel.

L'intelligence émotionnelle incarnée par cet archétype permet de répondre à nos besoins fondamentaux, à la fois physiologiques et psycho-émotionnels. Une fois la notion de sécurité et d'appartenance intégrée dans notre quotidien, l'élargissement de cette compétence émotionnelle est alors possible, c'est-à-dire le don de prendre soin de tout être vivant.

Difficultés psychologiques

La gestion des tsunamis émotionnels provoqués par le ressenti de la moindre insécurité reste le défi psychologique le plus important pour l'individu au trait de personnalité *maternel* dominant. Il faudra compenser ces troubles liés à l'insécurité (ou au manque de « racine ») par de la rationalité, de la rigueur et du discernement. Pour y parvenir, il faudra beaucoup de temps et si possible des aides encadrantes. Plus que toutes les autres facettes, la personnalité *maternelle* peine à devenir mature tant elle a tendance à se réfugier, au moindre trouble, dans son cocon. En définitive, elle rencontre souvent des grandes difficultés pour s'engager avec courage dans le monde. Comme nous l'avons vu, cela peut être la conséquence d'un manque de tendresse et de reconnaissance dans la petite enfance ou parfois d'une dépendance exagérée liée à la puissance maternelle du foyer d'origine.

Prenant trop de responsabilités et de pouvoir dans la famille, la facette *maternelle,* chez une femme comme chez un homme, peut étouffer tous les éléments du système familial. Constamment soucieux du bien-être de son clan, ce pouvoir maternel empêche inconsciemment les enfants de couper le cordon. Ce type de dominance maternelle peut mettre également en péril le couple dès la venue d'un enfant. Il est fréquent d'observer que le mari, puisque le tempérament *maternel* est plus présent chez une femme, se comporte comme un enfant face à la puissance maternelle de son épouse, et plus particulièrement encore quand celui-ci ne s'est pas détaché psychiquement de son propre lien maternel d'origine !

Pour celui ou celle dont le trait de personnalité *maternel* est important, le sacrifice de soi s'exprime souvent dans la vie sociale. Mais si le besoin de s'occuper des autres plus que de soi est respectable et valorisé, il génère néanmoins certains déséquilibres intérieurs. Chez les personnes marquées par cette facette, l'expression dominante de bonté et de charité s'oppose aux réactions naturelles de défense et d'affirmation personnelle (archétype du *guerrier*) et les inhibe. Enfin, attention à la dynamique inconsciente qui vient compenser le manque de confiance et/ou les manques de l'enfance dans cet excès altruiste et qui, à terme, peut déclencher amertume et rancœur.

La difficulté à l'autonomie, à dire non, et parfois l'incapacité à s'occuper véritablement de soi-même représenteront souvent un axe thérapeutique lorsque ce *moi-maternel* domine la personnalité. Les enseignements philosophiques et ésotériques nous amènent toutefois à penser que se mettre au service des autres dans un juste renoncement, c'est-à-dire sans symptôme d'auto-inhibition, est un signe d'accomplissement. Cette présence d'âme ne s'exprimera qu'à un âge plus ou moins avancé.

L'exemple de Martine

Infirmière bientôt à la retraite, mère de trois enfants, Martine me consulte pour une douleur de sciatique et m'indique que depuis quelque temps, elle ne se sent pas heureuse. J'oriente mon soin sur ses compressions lombaires et aborde la relation entre son état psychique et ses différents symptômes. Martine est fière d'avoir toujours priorisé les besoins de sa famille par rapport aux siens. Elle n'a jamais vraiment eu de véritable passion en dehors de s'occuper des autres. Elle m'affirme que le don de soi est ce qu'il y a de plus important et que nous devrions tous être au service d'autrui. Plus jeune, elle s'était investie dans une association humanitaire et voyageait souvent en Afrique.

Si l'on examine l'expression de sa personnalité maternelle, *on peut estimer que sa vie est exemplaire. Mais si l'on s'intéresse à la santé des autres facettes de sa personnalité, peut-être en découvrira-t-on certaines en souffrance. Divorcée, depuis le départ de ses enfants, Martine ne s'est jamais occupée d'elle et, peu à peu, elle a perdu sa joie de vivre. Dans cette solitude et de plus en plus en surpoids, son estime personnelle s'est détériorée. Elle me raconte qu'elle s'en veut énormément d'avoir prêté, deux ans plus tôt, une belle somme d'argent à un ami. Cet argent ne lui a pas été rendu et, en plus de perdre un « ami », elle a dû renoncer au voyage qu'il devait financer.*

Nous voyons combien Martine a surinvesti sa compétence empathique aux dépens de ses autres facettes, au point d'en déplorer certaines conséquences. En quelques séances, Martine comprend son terrain psychologique et la dominance excessive de sa facette maternelle. *Cette prise de conscience l'aide à envisager comment tourner vers elle-même cette propension à « prendre soin ». Elle entreprend un travail avec une psychologue, afin de clarifier son vécu familial et d'édifier la liste de ses besoins profonds. Elle relève différents défis, par exemple s'inscrire à une association de poterie, marcher un peu tous les jours et suivre des séances de yoga. Elle va même se faire masser pour se reconnecter à ses sensations. Lors de ces massages, elle est surprise des décharges émotionnelles qui la traversent. Ces libérations et prises de décisions ouvrent la porte à plus de détente et de confiance en elle.*

Avec le temps et ces prises de conscience, elle parvient à décliner certaines demandes d'aide de ses proches, et ce sans se justifier ! Martine se sent aujourd'hui apte à exprimer un panel plus large de ses différents traits de personnalité et elle espère même rencontrer un partenaire de vie.

L'archétype ou le trait de personnalité complémentaire

C'est la facette *responsable*, avec sa capacité de détachement et de rationalité, qui équilibre parfaitement le côté émotionnel et empathique des personnes au trait de personnalité *maternel* dominant. Attention en revanche, dans le cadre d'un couple, cette complémentarité risque d'entraîner quelques tiraillements avec l'un au « cœur d'artichaut » et l'autre au « cœur de pierre » !

Comme pour la personnalité *sensuelle*, les troubles de l'attachement caractérisent la personnalité *maternelle*. Pour elle, les liens sont rapides et profonds, notamment grâce à cette capacité empathique à fusionner avec l'autre. L'engagement relationnel est primordial au regard du besoin abyssal de tendresse et de sécurité affective. Des patients souffrant d'instabilité émotionnelle décrivent souvent que c'est une rencontre amoureuse qui les a aidés à trouver un équilibre dans leur vie, et notamment de l'élan dans leur projet professionnel. Pour l'individu au trait de personnalité *maternel* dominant, il s'agit de comprendre et d'assumer les particularités de cette facette et, malgré sa difficulté à dire non et à affirmer ses besoins, de choisir le bon partenaire de vie. Il vaudrait mieux éviter les partenaires type « globe-trotteurs » ou exagérément autocentrés.

Reconnaître la personnalité type *maternel*

Le comportement

On reconnaît cette facette de la personnalité à son hyperémotivité. La personne tentera peut-être, d'abord, de rester distante dans la conversation, mais dès que sont abordés des sujets sensibles, les larmes surgiront. Voir souffrir quelqu'un lui retourne l'estomac et elle se voit donc obligée d'agir, ne serait-ce que pour moins souffrir elle-même. Ce type de personnalité évite les conflits, mais elle peut prendre le pouvoir sur la relation si vous lui laissez trop la possibilité de vous aider.

L'attitude

Quand on observe une personne au trait de caractère *maternel* important, on remarque souvent une certaine rondeur des formes. L'archétype de *la mère* est prédisposé à la rétention d'eau et l'hypothyroïdie. Le regard est plutôt vague, la démarche irrégulière et nonchalante. La voix est agréable, emplie de tendresse, toujours enveloppante et prête à vous écouter.

Intuitivement, notez de 1 à 10 l'importance de ce trait de personnalité chez vous.

1	2	3	4	5	6	7	8	9	10

Que faire si cet archétype de la personnalité semble trop dominant chez vous ?

Les signes qui ne trompent pas : entourez les points qui vous concernent.

- Je pleure souvent et facilement.
- J'ai tendance à procrastiner.
- Je ne fais pas d'activités physiques ou sportives.
- Je n'arrive pas à dire non quand on me demande de l'aide.
- J'ai horreur du conflit.
- Je n'arrive pas à me discipliner.
- Je suis incapable de vivre seul.
- La famille est tout pour moi.
- J'ai été plusieurs fois victime d'arnaque.

APAISEZ VOTRE ARCHÉTYPE *MATERNEL*	
Ce que je peux faire : choisissez au moins 3 actions ou attitudes à mettre en place parmi les 12 suivantes.	
Je pratique une activité physique deux ou trois fois par semaine.	
Je m'écarte des personnes qui sont peu à mon écoute.	
Je fais un bilan de mon alimentation avec un nutritionniste ou un naturopathe.	
Je m'engage dans une psychothérapie pour mettre en lumière certaines mémoires familiales.	
Dès que les émotions m'envahissent, je prends le temps de bien respirer et d'identifier les émotions en question.	
J'apprends à dire non lorsqu'on me demande de l'aide, sans me justifier.	

Je lis et j'étudie de façon à développer au maximum ma capacité de concentration.	
J'apprends à méditer 10 minutes par jour.	
Je prends du temps sur mes obligations familiales ou professionnelles pour mes activités personnelles et créatives.	
Je fais le maximum pour que les personnes dépendantes de moi deviennent le plus autonomes possible.	
Je participe à des séances de constellations familiales si j'ai l'impression d'être soumis à des croyances, des fidélités ou des traumatismes transgénérationnels.	
Je m'entoure de personnes sécurisantes, particulièrement dans ma vie amoureuse.	

Quelles activités professionnelles pour l'archétype *maternel* ?

Tous les métiers d'aide à la personne : le domaine médico-social, l'humanitaire, la petite enfance ou la fin de vie, les métiers dans l'alimentaire et toutes les activités liées à la nature et aux animaux, etc.

Comment se comporter avec une personnalité type *maternel* ?

À faire

- S'attendre à des décharges émotionnelles.
- Être à l'écoute de ses émotions et laisser les vagues s'écouler. Dans ces moments-là, l'aider à bien respirer.
- Lui faire souvent des cadeaux.

- Lui parler avec bienveillance et tendresse.
- Être engagé et fidèle en amour.
- Prendre en compte que tout ce qui touche à la famille est d'une importance capitale sur sa santé physique et psychique.
- Se prendre en main et ne pas s'appuyer sur elle.
- Mettre en mots les malentendus.
- L'aider à prendre du temps pour elle et prendre le relais de ses responsabilités familiales.
- Pour un enfant, offrir un animal de compagnie.

À ne pas faire

- Critiquer sa puissance émotionnelle.
- Pleurer avec elle : jouez plutôt le rôle du soutien dans l'écoute.
- Couper ses élans émotionnels. Adoptez plutôt le principe « FARS ».
  – Pas de **Fuite**, ne partez pas en claquant la porte.
  – Pas d'**Agressivité** pour stopper ses vagues émotionnelles.
  – Pas d'aide à **Relativiser** ou à prendre de la hauteur. La vague doit passer et non être refoulée. De toute façon, elle ne se sentirait pas comprise.
  – Pas de **Solution** à proposer à son trouble du moment.
- Abuser de sa gentillesse.
- La critiquer sur sa tendance à procrastiner : faites-lui des propositions pour la dynamiser.
- Partager vos inquiétudes ou avoir des sujets de conversation stressants vis-à-vis de l'avenir.

Les personnalités *maternelles* célèbres

Le dalaï-lama, Amma, Nelson Mandela, Lady Diana, Simone Veil, Angela Merkel, François Hollande, Selena Gomez, Robin Williams, Greg Grunberg, Sean Astin, Molly Quinn, Mimie Mathy, etc.

Que faire si cet archétype semble insuffisant chez vous ?

Les signes qui ne trompent pas : entourez les points qui vous concernent.

- Vous ne pleurez jamais.
- Vous rationalisez tout.
- Jamais vous ne « sacrifierez » votre liberté pour fonder une famille.
- Vous n'aimez pas les animaux de compagnie.
- Vos besoins personnels passent toujours en priorité.
- Les personnes lentes ou apathiques vous agacent.
- Écouter quelqu'un se plaindre et s'épancher vous insupporte ou vous met mal à l'aise.

DYNAMISEZ VOTRE ARCHÉTYPE *MATERNEL*	
Ce que je peux faire : choisissez au moins 3 actions ou attitudes à mettre en place parmi les 12 suivantes.	
Je prends conscience que ne jamais pleurer ni exprimer mes émotions évoque une cuirasse psycho-émotionnelle, pouvant me desservir dans ma vie personnelle.	
Je prends le temps de me relaxer et me détendre, voire de me faire masser.	
Je me mets à l'écoute des autres en tentant de me mettre à leur place pour les comprendre.	
Je me rapproche de la nature.	
Je donne de mon temps aux personnes de mon entourage qui ont besoin de soutien.	
Je propose des journées de retrouvailles à ma famille.	
Je regarde des films et des documentaires à forte tonalité émotionnelle.	
J'essaie d'identifier mes ressentis ou mes émotions et de les associer à des besoins non assouvis (par exemple : je me sens en colère parce que j'ai manqué de reconnaissance dans telle situation...).	
J'adopte un animal de compagnie.	
Je passe plus de temps avec des enfants.	
Je m'engage en psychothérapie pour retrouver ma sensibilité émotionnelle.	
Je fais un stage de yoga ou de développement personnel.	

Avez-vous des traits de personnalité type *maternel* ?

Dans le tableau suivant, répondez par « Plutôt VRAI » ou « Plutôt FAUX » et totalisez vos réponses. Plus le nombre de « Plutôt VRAI » est important, plus l'archétype est dominant dans votre vie. Pour affiner ce questionnaire, faites-le remplir également par un proche. Partagez ensuite vos impressions.

L'ARCHÉTYPE *MATERNEL*	**Plutôt VRAI**	**Plutôt FAUX**
Je suis de nature très émotive.		
Je suis attaché à mes souvenirs d'enfance et à ma famille d'origine.		
Je ne supporte pas de voir les autres souffrir.		
Je pourrais m'engager dans des actions humanitaires.		
Je n'aime pas la solitude.		
J'aime les animaux.		
Je peux me passer facilement de sexualité.		
J'aime préparer à manger et m'occuper de la maison.		
J'ai du mal à dire non et je fais passer les besoins des autres avant les miens.		
Le matin, j'ai du mal à quitter mon lit.		
Je fais peu d'activités physiques et sportives.		
Je n'ai pas beaucoup voyagé.		
TOTAUX		

Résultats

De 0 à 3 (Plutôt VRAI) : votre facette *maternelle* semble en insuffisance ou sous l'influence d'un autre archétype dominant aux fonctions opposés (le *guerrier, l'artiste* ou la facette *épicurienne*). Questionnez-vous sur la compréhension et la relation que vous entretenez avec cette facette de votre identité. Stimulez-la en vous inspirant du tableau « Dynamisez votre archétype *maternel* ».

De 4 à 8 : votre *moi-maternel* semble équilibré, vous êtes capable de prendre soin de vos proches et de ceux qui sont dans le besoin sans pour autant vous oublier !

De 9 à 12 : vous possédez une grande sensibilité émotionnelle et empathique. Il vous sera toutefois nécessaire d'exprimer une autre facette de votre personnalité pour mieux affirmer vos besoins et sortir de votre zone de confort. Inspirez-vous de certaines propositions du tableau « Apaisez votre archétype *maternel* ».

MANDALA DE L'ARCHÉTYPE *MATERNEL*

Pour le télécharger en grand format, rendez-vous page 2.

Rituel d'intégration

Pour terminer cette étude, je vous propose une cérémonie sacrée qui vous permettra d'entrer en relation de manière symbolique et énergétique avec votre archétype *maternel.*

Préparation en amont

1. Accordez-vous un temps de 30 minutes.
2. Organisez-vous pour pas être dérangé.
3. Choisissez un endroit harmonieux.
4. À côté de vous, placez une coupole d'EAU.

Rituel : en vous reliant à l'énergie de votre *moi-maternel,* coloriez le mandala ci-contre avec uniquement les couleurs BLEU CLAIR et FONCÉ (+ blanc). Laissez votre intuition vous guider dans ce travail et accueillez avec bienveillance l'expression symbolique de cette facette de votre identité.

Évolution d'intégration : si cet archétype mérite un travail d'harmonisation dans votre vie, refaites régulièrement ce rituel pour voir l'évolution de votre mandala *maternel.* Pour ce faire, photocopiez-le avant de commencer votre coloriage.

AIDE FLORALE (fleur de Bach)

Chicory – Chicorée

Pour trouver un équilibre entre vos élans à prendre soin des autres et la nécessité d'écouter vos propres besoins : 4 gouttes sous la langue, 2 fois par jour minimum, durant 3 semaines ou lors des périodes très agissantes de votre facette maternelle.

LA PERSONNALITÉ *TYPE ARTISTE*

L'intelligence créative

« Une chevelure flottante et parfumée tombait sur ses épaules. Somptueusement revêtu, la tête haute et les yeux vers le ciel, sa figure respirait une noblesse sereine et une fierté que tempérait une calme douceur. »

Mario Meunier, *La Légende dorée des dieux et des héros*

Force naturelle et symbolisme

Cet archétype symbolise l'exaltation de la vie. Dans le cycle de la nature, il correspond au triomphe de la végétation qui s'affirme et prend toute sa place afin de capter le plus de lumière possible. Ici, la plante s'impose et se montre avec fierté telle qu'elle est.

Psychologie, besoins et compétences

Nous avons tous parfois besoin de nous mettre en lumière, pour partager nos valeurs, nos idées et trouver notre place dans la société. C'est la force archétypale *artiste,* que nous pourrions à juste titre nommer aussi *solaire*, qui nous le permet. Lié à **l'été**, ce *moi-artiste* représente notre capacité à livrer notre créativité au monde. L'artiste rayonne, c'est un spectaculaire, une personne qui se situe dans l'étendue pour la remplir de son importance. Quand ce trait de caractère est dominant, les individus sont souvent au-devant de la scène, dans quelque activité que ce soit. Cette force archétypale est l'aptitude à la confiance en soi et surtout à l'exemplarité dans un sens élevé de l'honneur. La confiance créative qu'elle dégage inspire et incite à suivre le même rayonnement.

Le tempérament *solaire* favorise les activités artistiques. Ce sont des leaders, des personnes dynamiques et charismatiques, qui se réjouissent de faire l'unanimité auprès de leurs admirateurs. La fonction intrinsèque de ce *moi-solaire* est d'atteindre une certaine célébrité, alors même que, souvent, la personnalité *solaire* a connu, dans son enfance, une condition inférieure. La personne *solaire* aura toujours un besoin viscéral d'être « applaudie » à la fin de sa représentation. Si tel n'est pas le cas, une stratégie de justification peut s'installer, car l'introspection est une dynamique plutôt opposée à son besoin d'exemplarité et de rayonnement.

Difficultés psychologiques

Ce trait de personnalité est attribué à l'élément feu. Il caractérise le dynamisme, la confiance en soi et la santé, car il est purifiant au niveau du métabolisme. Ainsi, les difficultés de la vie sont en général plus importantes lorsqu'il y a carence que lorsqu'il y a excès de cette force archétypale. Malheureusement, la sédentarité et le confort des sociétés urbaines éteignent parfois ce feu vital de créativité. L'excès et surtout la mauvaise expression de ce trait de personnalité entraînent toutefois quelques inconvénients : il rend égocentrique et orgueilleux. La tendance au succès personnel et à l'exemplarité s'oppose ainsi à l'attention portée aux autres. Les difficultés psychologiques de cette facette de la personnalité s'expriment donc essentiellement dans les relations humaines.

L'exemple de Christine

J'avais 26 ans lorsque je suis tombée amoureuse pour la première fois. Chacune de mes relations précédentes avait été choisie pour des raisons parfaitement identifiées, mais avec cet homme, mon cœur s'est littéralement enflammé, consommant à bas bruit tout mon discernement.

C'était un bel homme. Il était sensible et sincère, « solaire ». Je n'en ai compris les travers que bien plus tard. Il était exemplaire et immédiatement je l'ai admiré. C'était un artiste. Il était danseur, mais aussi poète, écrivain et peintre, et au fond, je ne pouvais que l'admirer puisque moi, je n'étais rien. J'avais un travail ordinaire et lui un métier passion. Ma vie sans éclat se déroulait dans l'ombre de la sienne. Comment aurais-je pu, si jeune et inexpérimentée, ne pas être éblouie ? Comment aurais-je pu imaginer le grand danger que me faisait courir ce différentiel abyssal ? C'est à partir de mon « rien intérieur » que ma descente aux enfers a commencé. Et au fil des années, plus son scintillement m'aveuglait, plus je m'enfonçais dans l'effacement puis la dépression. Ce n'était pas faute d'avoir eu sous les yeux de nombreux avertisseurs. Dès les débuts, il avait été honnête en m'avouant qu'il n'était pas amoureux de moi… Et lorsque parfois il me le rappelait, je répondais que je l'aimais pour deux. Je me suis fourvoyée ainsi les quinze années suivantes. Sans limites je lui offrais mon affection et ma dévotion, et sans limites il s'en gorgeait. C'est donc sur la base d'un « amour » non partagé, que j'ai quitté mon appartement pour m'installer chez lui. Quelques semaines après, la mort dans l'âme, je prenais un pauvre studio, tant il me faisait sentir que j'envahissais son espace. Une saison plus tard, je partais six mois à Londres pour tenter de rompre. Mais plus je m'éloignais de lui, plus il revenait vers moi, sans promesses particulières, mais fort de son magnétisme charmeur. Mon amour lui manquait disait-il… Une dernière fois, j'ai encore tenté de me défaire de son emprise en m'éloignant en Amérique du Sud. Six mois d'un très beau voyage, qui a presque eu raison de son ascendant sur moi. Mais le jour de mon atterrissage, il était là, venant me reconquérir, et y parvenant ! La suite ne fut pas originale. Installation commune dans un appartement dans le sud de la France, projet d'enfant sur fond de suspicions d'infidélités, achat d'une grande maison, mariage et arrivée de l'enfant. Je me retrouvais isolée dans une immense maison dans les Cévennes, seule la moitié du temps (lorsqu'il était en tournée ou résidence d'artiste) avec notre bébé. À chaque retour, il me voyait de plus en plus dépressive et probablement avait-il hâte de repartir ! Pendant les sept années qui ont suivi, je me suis enfoncée dans l'obscurité de ma dépression, et lui continuait d'aller vers la lumière. C'est alors que j'ai reçu, en quelque sorte, une aide « divine » : une rencontre

avec un autre homme, à laquelle je dois mon salut. J'ai donc trahi mon ex-mari et ainsi brisé mes chaînes.
Très rapidement après, je rencontrais celui qui, dix ans plus tard allait devenir mon second époux et avec lequel, en partenariat complice, nous partageons une belle aventure de cœur, profonde et équilibrée. Aujourd'hui, avec mon ex-mari, nous avons réussi, non sans peine, à devenir d'intelligents partenaires et parents pour notre enfant, enfin d'égal à égal...

La personnalité *solaire* aura donc comme défi de se mettre parfois en retrait pour qu'à leur tour, partenaire, amis ou enfants, puissent prendre un peu la lumière.

Dans une mauvaise orientation de cette force archétypale et lorsque la reconnaissance de soi-même par soi-même n'a pu être réalisée, la phobie sociale peut s'installer. Mais la personnalité *artiste* ou *solaire* saura cacher cette faille et ne l'admettra probablement jamais.

Comme le soleil fait graviter les planètes autour de lui, la personnalité *solaire* déforme l'espace-temps qui l'entoure par sa seule présence. Les proches se croient libres et pensent avancer en autonomie dans leur propre vie, mais ils sont comme piégés, en orbite autour de leur idole.

Il est fréquent, comme dans l'exemple de Christine, que les admirateurs de la personnalité *solaire* s'enrichissent et se nourrissent au départ de ses réussites et de sa célébrité, mais avec le temps, l'envie et le besoin impérieux de rayonner à leur tour les pousse à sortir du champ de gravité de l'idole. Les plus humbles resteront néanmoins dans son aura tant les avantages conscients et inconscients sont nombreux.

La personnalité type *artiste* souffre donc, ontologiquement, de non-reconnaissance et même si cela l'angoisse, elle cherchera toujours, en s'exposant, à compenser ce besoin. Il est probable que ce tempérament soit marqué dans la petite enfance par un conflit avec le père, ou un manque sérieux de reconnaissance, de présence ou d'encouragement de ce dernier.

Ce besoin d'être sans cesse reconnu comme exemplaire engendre des problèmes lorsque le partenaire et surtout ses propres enfants s'aventurent à briller davantage ! Il n'est pas rare d'observer des conflits entre la personnalité *solaire* et ses propres enfants lorsque ces derniers, à la fin de leur adolescence ou au début de leur vie d'adulte, tentent enfin de briller par eux-mêmes. Si le parent *solaire* ne soutient pas cette tentative en s'effaçant un peu, et qu'au contraire, il maintient son autorité ou son pouvoir de rayonnement, l'individu n'aura parfois d'autres choix que la rupture irréversible.

Le jour donc où sa confiance en soi est suffisamment développée, le jeune, le partenaire ou tout autre proche quittera son idole pour briller par lui-même. À force de vivre ces « trahisons » ou en percevant que son entourage cherche à prendre sa place ou à briller plus que lui, la personnalité *artiste* ou *solaire* risque fort de souffrir de paranoïa, ne sachant quand elle sera à nouveau trahie.

Toutefois, la personne qui possède ce trait dominant n'est pas obligatoirement confrontée à ces difficultés. Tout dépendra de son niveau de conscience et de sa capacité à exprimer les autres facettes de son identité.

L'archétype ou le trait de personnalité complémentaire

La force archétypale *artiste* ou *solaire* trouvera sa complémentarité avec la facette type *original* avec qui elle développera le principe de cocréativité, et *maternel*, avec laquelle elle fera preuve de plus d'empathie et d'oubli de soi.

Reconnaître la personnalité type *artiste* ou *solaire*

Le comportement

Quand vous la rencontrez, vous ressentirez son charisme et son rayonnement. Elle semble sûre d'elle-même et rapidement, la conversation tournera autour de ses propres succès ou de sa vie en général. Si la force archétypale *solaire* est équilibrée, la personnalité tout entière est rayonnante, optimiste et exemplaire, mais elle s'intéressera quand même à vous. Inspirante, elle saura encourager et mettre en lumière ceux qu'elle considère le mériter.

L'attitude

L'attitude de la personnalité *solaire* est aristocratique. Certains spécialistes lui attribuent à tort une volonté de pose et de recherche d'effets or, dans l'intimité ou dans sa solitude, elle est la même, noble et fière.

Intuitivement, notez de 1 à 10 l'importance de ce trait de personnalité chez vous.

1	2	3	4	5	6	7	8	9	10

Que faire si cet archétype de la personnalité semble trop dominant chez vous ?

L'individu au tempérament *artiste* ou *solaire* dominant peine à concevoir que son rayonnement soit excessif. Tant de personnes aimeraient lui ressembler ! Pourtant, cette force reste, ne l'oublions pas, un archétype ou une facette de l'ego. Elle peut, comme les autres, porter préjudice en raison de son inflation et de la difficulté à exprimer d'autres facettes de la personnalité.

Les signes qui ne trompent pas : entourez les points qui vous concernent.

- En soirées, j'ai tendance à monopoliser la parole et l'attention.
- Sur les réseaux sociaux, j'adore qu'on « like » ce que je partage mais je ne « like » pas ce que postent les autres.
- J'ai toujours eu du mal à me sentir vraiment amoureux.
- Souvent, mes amis ou mes partenaires m'idéalisent.
- J'ai souvent été trahi dans mes amours et mes amitiés.
- J'ai souffert d'un manque de reconnaissance ou de présence de mon père.
- J'arrive toujours en retard à mes rendez-vous.
- Je m'intéresse peu à la vie des autres.

APAISEZ VOTRE ARCHÉTYPE *ARTISTE / SOLAIRE*	
Il s'agit ici de diminuer l'égocentrisme qui peut être associé à ce trait de personnalité.	
Ce que je peux faire : choisissez au moins 3 actions ou attitudes à mettre en place parmi les 12 suivantes.	
Dans la conversation, je laisse les autres s'exprimer et je m'intéresse à leur expérience de vie.	
Je développe l'autocritique et l'attention que je porte à mes comportements.	
Je m'engage en thérapie pour élucider un possible manque de reconnaissance, lié à mon passé.	
Si besoin, je tente de clarifier la relation avec mon père.	
Je fais un point entre mes besoins essentiels et secondaires (exemple : ma famille et ma santé plutôt que ma carrière et mes succès).	
Je prends du temps pour me relaxer et ne rien faire.	
Je développe la cocréativité avec des personnes de confiance.	
Avec mes proches, j'exprime mes sentiments et je leur prouve mon affection.	
Je propose à mes amis des moments en tête-à-tête.	
Je prends du temps pour transmettre mes compétences.	
Quand je suis dans la réussite, j'évite d'en parler.	
Sur les réseaux sociaux, je suis discret concernant ma vie privée.	

Quelles activités professionnelles pour l'archétype *artiste* ?

Tous les métiers lui sont possibles, du moment qu'il pourra être mis en lumière et avoir une certaine notoriété. Citons en priorité les métiers évidemment artistiques, ou bien chef cuisinier mais aussi conférencier, formateur ou encore les métiers de la mode, etc.

Comment se comporter avec une personnalité type *artiste* ou *solaire* ?

À faire

• Lui parler de manière franche et honnête.

• Exprimer votre approbation lorsqu'elle est sincère.

• S'attendre à ce qu'elle vous pose peu de questions sur votre propre vie. Lui faire remarquer délicatement.

• La valoriser et l'encourager.

• En amour, s'attendre à ce que vous soyez plus amoureux qu'elle ne l'est envers vous.

• En couple, faire en sorte de garder vos espaces personnels.

• Ne pas trop s'offenser lorsqu'elle est en retard ou lorsqu'elle répond tardivement à vos messages. Vous autoriser toutefois à souligner vos besoins.

À ne pas faire

- Se laisser trop charmer ou impressionner par son charisme, ses réussites ou ses connaissances.
- Être totalement à son service.
- S'attendre à une relation donnant-donnant.
- La trahir, cela pourrait la mettre hors d'elle.
- La critiquer frontalement. Commencer plutôt par des « éloges », puis faire diplomatiquement quelques remarques.
- En amour, faire des crises de jalousie.

Les personnalités *artistes* ou *solaires* célèbres

Toutes les célébrités sont naturellement plus ou moins marquées par cette constitution archétypale innée et leur vécu en a développé la puissance : Napoléon Bonaparte, Fidel Castro, Mata Hari, Coco Chanel, Alfred Hitchcock, Claude François, Robert Redford, Brad Pitt, Jean Dujardin, Catherine Deneuve, Mick Jagger, Madonna, Marilyn Monroe, Charlize Theron, Léon Marchand, Paul Watson, etc.

Que faire si cet archétype de la personnalité semble insuffisant chez vous ?

Les signes qui ne trompent pas : entourez les points qui vous correspondent.

- J'ai du mal à prendre la parole dans un groupe.
- Je suis souvent attiré par des personnes charismatiques.
- Je suis extrêmement discret vis-à-vis de mes réussites.
- Je n'ai pas une bonne estime personnelle.
- Je n'ai aucune ambition professionnelle ou personnelle.
- À mon sens, je n'ai aucune compétence créative ou artistique.
- J'ai souvent été dévalorisé durant mon enfance.
- Mes partenaires de vie sont plus créatifs et plus « solaires » que moi.

DYNAMISEZ VOTRE ARCHÉTYPE *ARTISTE/SOLAIRE*	
Ce que je peux faire : choisissez au moins 3 actions ou attitudes à mettre en place parmi les 12 suivantes.	
Je pratique une activité créative (danse, peinture, musique, chant, poterie, etc.).	
Je m'entoure de personnes créatives et je m'en inspire.	
Je m'exerce à prendre plus souvent la parole en société.	
Je suis une thérapie pour guérir mon manque d'estime personnelle.	
Chaque jour, je fais au moins 3 choses dont je serai fier.	
J'apprends à me mettre un peu plus en avant sur les réseaux sociaux.	
Je participe à des stages de développement personnel.	
Je prends des responsabilités au sein d'une association.	
Je pratique le théâtre d'improvisation.	
J'apprends à donner la priorité à mes propres besoins plutôt qu'à ceux des autres.	
J'utilise la fleur de Bach Mélèze pour développer ma confiance en moi et ma créativité.	
Chaque jour, au réveil et au coucher, je répète la phrase : « J'ai confiance en moi, je suis plein de joie et de reconnaissance, quoi que je fasse. »	

Avez-vous des traits de personnalité type *artiste* ?

Dans le tableau suivant, répondez par « Plutôt VRAI » ou « Plutôt FAUX » et totalisez vos réponses. Plus le nombre de « Plutôt VRAI » est important, plus l'archétype est dominant dans votre vie. Pour affiner ce questionnaire, faites-le remplir également par un proche, particulièrement pour ce trait de personnalité ! Partagez ensuite vos impressions.

L'ARCHÉTYPE *ARTISTE*	Plutôt VRAI	Plutôt FAUX
Je suis de nature joyeuse, je ne connais pas la dépression.		
Je ne supporte pas d'être critiqué.		
Je suis fier de moi et de ce que je suis devenu.		
J'ai tendance à être très actif sur les réseaux sociaux.		
J'ai des compétences créatives et artistiques.		
J'apprécie beaucoup la culture (théâtre, musées, expositions, etc.).		
Dans un groupe, je deviens facilement le centre de l'attention.		
Je ne tombe pas facilement amoureux.		
J'aime prendre soin de mon apparence physique et vestimentaire en toute occasion.		
Dans mon enfance, j'ai le sentiment de n'avoir pas eu véritablement de reconnaissance et d'encouragement de la part de mon père (ou absence du père).		
J'ai vécu de nombreuses trahisons.		
Dans ma famille, il y a des problèmes de santé cardiaque.		
TOTAUX		

Résultats

De 0 à 3 (Plutôt VRAI) : votre facette *artiste* est peu présente dans votre vie, ou sous l'influence d'un autre archétype dominant aux fonctions opposées (par exemple le *critique intérieur*, la *mère* ou la facette *affective*). Questionnez-vous sur la compréhension et la relation que vous entretenez avec votre facette créative. Inspirez-vous des propositions du tableau « Dynamisez votre archétype *artiste/solaire* ».

De 4 à 8 : vous avez une bonne estime personnelle et vous êtes plutôt un créatif tout en sachant vous mettre à l'écoute des autres.

De 9 à 12 : vous possédez une grande force de rayonnement et vous êtes exemplaire à plus d'un titre. Prenez bien soin d'aider les autres à en faire autant ! Inspirez-vous des propositions du tableau « Apaisez votre archétype *solaire* ».

MANDALA DE L'ARCHÉTYPE *ARTISTE/SOLAIRE*

Pour le télécharger en grand format, rendez-vous page 2.

Rituel d'intégration

Pour terminer cette étude, je vous propose une cérémonie sacrée qui vous permettra d'entrer en relation symbolique et énergétique avec votre archétype *artiste*.

Préparation en amont

1. Accordez-vous 30 minutes.
2. Organisez-vous pour ne pas être dérangé.
3. Choisissez un endroit harmonieux.
4. À côté de vous, placez une bougie qui représentera l'élément FEU.

Rituel : reliez-vous à l'énergie de votre *moi-artiste*, coloriez le mandala ci-contre avec uniquement les couleurs JAUNE et ORANGE (+ blanc). Laissez votre intuition vous guider et accueillez avec bienveillance l'expression symbolique de cette facette de votre identité.

Évolution d'intégration : si cet archétype mérite un travail d'harmonisation dans votre vie, refaites régulièrement ce rituel pour voir l'évolution de votre mandala *artiste*. Pour ce faire, photocopiez-le avant de commencer votre coloriage.

AIDE FLORALE (fleur de Bach)

Heather – Bruyère

Pour trouver un équilibre entre vos ambitions personnelles et l'attention portée aux autres : 4 gouttes sous la langue, 2 fois par jour minimum, durant 3 semaines ou lors des périodes très agissantes de votre facette *artiste* ou *solaire*.

LA PERSONNALITÉ
TYPE PERFECTIONNISTE

L'intelligence analytique

« Il ne s'agit pas d'atteindre la perfection, mais la totalité. »
Carl Gustav Jung

Force naturelle et symbolisme

Cette facette de la personnalité correspond à la saison des moissons, où le grain semé en hiver donne l'épi. Une fois mûr, l'épi est coupé, les grains s'en détachent et la nature ainsi se différencie, se sélectionne et se réduit. C'est le moment où la nature opère un retour aux sources, une sorte de bilan sur les détails de l'expérience passée.

Par analogie, cette force est représentée par les intestins dans l'organisme : ils trient et discernent. Ils analysent le bol alimentaire et permettent l'assimilation des aliments. L'inutile est éliminé, le vital et le performant sont conservés. Ici la dualité prime.

Psychologie, besoins et compétences

Le trait de caractère *perfectionniste* nous aide à prendre soin des détails, à comprendre et à nous interroger sur nos comportements et ce qui influence notre bien-être. Il est une force de curiosité, comme l'archétype *messager*, à la différence que le *perfectionniste* n'est pas une force de transmission d'informations mais de sélection, afin de garder dans son quotidien ce qu'il y a de plus pur. Ainsi cette personnalité est douée de discernement concernant son évolution et son bien-être. Cette intelligence analytique s'exprime en particulier dans le domaine de la santé. Quand notre *moi-perfectionniste* domine, nous avons besoin de prendre soin de notre santé dans sa globalité, spécialement au niveau de l'alimentation, car les intestins sont souvent sensibles et sujets aux allergies alimentaires. Mais cette force archétypale s'exprime de bien d'autres façons. On reconnaîtra ce trait de personnalité chez tous les individus soucieux de la propreté ou de faire parfaitement leur travail, toujours focalisés sur les moindres détails.

Difficultés psychologiques

Quand on se soucie de tous les détails, on ne réalise pas que cette quête de perfection ou de pureté à ses limites. On peut perdre la vision globale des choses et le moindre défaut nous empêche de profiter de l'instant présent.

Dans son excès ou son trouble, la force archétypale *perfectionniste* peut devenir obsessionnelle. Avoir la phobie de la saleté ou de la maladie, se laver les mains dix fois par jour ou ne pas faire le moindre écart alimentaire perturbe la vie personnelle et sociale. Être maniaque ou hypocondriaque n'est pas une mince affaire, comme l'est tout autant le fait de vivre avec une telle personne. Il faudra ainsi faire un effort de conscience dans les deux sens et trouver un équilibre de vie.

L'exemple de Stéphanie

Je m'appelle Stéphanie et voici mon analyse sur cette facette de mon identité, en commençant par ses avantages !

- *J'ai une grande capacité à me remettre en question. Je sais m'observer, m'analyser et orienter mes pensées et mes actions pour m'améliorer.*
- *Je suis très forte pour trouver des solutions aux problèmes. J'en comprends rapidement l'origine, je les décortique et sais organiser un plan d'action pour les résoudre, en voyant la situation dans son ensemble mais aussi dans les détails.*
- *Je vois d'ailleurs des détails que les autres ne perçoivent pas, que ce soit chez les gens, dans mon environnement ou dans les situations que je vis.*
- *M'organiser est facile et naturel pour moi, j'y prends beaucoup de plaisir ! Je suis fan des agendas, listes, etc.*
- *Prendre soin de moi est un grand plaisir, que ce soit sur le plan esthétique, de ma santé, de mon mental, de mon hygiène. C'est une qualité que j'aime partager, et pour laquelle on me demande des conseils. J'en ai fait mon métier.*

• Cette compétence m'a en quelque sorte « sauvé la vie ». Sans elle, j'aurais pu partir dans des excès, des addictions. Ce côté perfectionniste est un « garde-fou », il me permet de me recadrer, de rester dans l'équilibre, de prendre soin de moi. La valeur santé est plus forte que des envies malsaines.

• Je suis très à l'écoute de mon corps, de ses besoins, j'ai un ressenti très fin, presque au cœur de mes cellules, qui me guide au quotidien.

Maintenant voici mes plus grandes difficultés avec ce trait de personnalité.

• Ma capacité d'analyse personnelle me dessert lorsque j'ai tendance à ruminer sur mes éventuels défauts, erreurs, ce que j'aurais dû ou pourrais faire pour améliorer une situation, une relation.

• Je me remets systématiquement en question avant de me demander si ça ne serait pas la situation, le lieu où le comportement de la personne, etc., qui ne me conviennent pas. Je peux alors rester longtemps dans des situations qui ne sont pas en accord avec moi, parce que j'ai l'impression que j'arriverai à trouver une solution en agissant sur moi-même.

• Je suis longtemps restée concentrée sur des détails. Je ne comprenais pas le lâcher-prise. Certains détails pouvaient littéralement m'obséder. Avant d'en avoir conscience, je n'assumais pas ce perfectionnisme. Je le trouvais « chiant » et j'avais peur que les autres me voient de cette façon. C'est d'ailleurs à cette période où je ne prenais pas soin de moi que j'ai développé des troubles du comportement alimentaire et des troubles de santé chroniques.

• Je me suis intéressée à mon alimentation en me formant à la naturopathie, et je suis partie dans un autre excès : un hyper-contrôle de mon alimentation qui m'a amenée à manger avec ma tête et non mon corps. Je me suis totalement dérégulée.
• J'ai voulu être « parfaite » physiquement, je pensais ne pouvoir être aimée que de cette façon. Je me suis imposé des règles très rigides, ce qui a encore plus impacté ma santé, et surtout mon estime personnelle.
Aujourd'hui je suis très heureuse que cette force archétypale soit développée chez moi car elle m'aide beaucoup dans ma vie de tous les jours, et je peux la mettre au service des autres à travers mon métier. L'assumer, l'aimer, dans ses côtés lumineux mais aussi sombres est bien plus bénéfique pour moi que d'être en lutte contre elle !

L'archétype ou le trait de personnalité complémentaire

Pour un équilibre comportemental, il sera utile pour un tempérament *perfectionniste* de développer la facette *idéaliste* et *spirituelle*, afin de lâcher prise et voir la vie dans son ensemble et non uniquement dans ses détails. Dans un couple, deux *perfectionnistes* s'entendront à merveille vis-à-vis du quotidien et ils n'auront pas à se disputer pour une chaussette qui traîne !

Reconnaître la personnalité type *perfectionniste*

Le comportement

Impeccable sur elle, la personnalité *perfectionniste* porte attention à ses moindres agissements. Elle est discrète et ne s'impose pas en société, à moins qu'on lui demande des conseils de nutrition ou de bien-être. Soucieuse des détails, elle porte les yeux partout et analyse tout ce que vous lui dites. Si vous l'invitez, elle observera discrètement la propreté et le rangement.

L'attitude

La personnalité *perfectionniste* est pointilleuse sur ses tenues, jamais dans le clinquant, toujours dans la simplicité et la délicatesse, en mode « passe-partout » ; elle a quelque chose d'une souris dans son attitude ! Elle s'apparente, comme la personnalité type *messager*, à l'androgynéité. Le visage peut rapidement souligner des traits de fatigue ou faire apparaître des rides discrètes un peu avant l'âge.

Intuitivement, notez de 1 à 10 l'importance de ce trait de personnalité chez vous.

1	2	3	4	5	6	7	8	9	10

Que faire si cet archétype de la personnalité semble trop dominant chez vous ?

Les signes qui ne trompent pas : entourez les points qui vous concernent.

- Je ne supporte pas le désordre et cela provoque des disputes avec mon partenaire.
- Je suis hypocondriaque.
- Je ne fais aucun écart dans mon alimentation.
- J'ai du mal à exprimer mes émotions, j'analyse tout.
- J'ai des tocs de propreté.

APAISEZ VOTRE ARCHÉTYPE *PERFECTIONNISTE*	
Rappel : comme pour toutes les forces archétypales, ne vous identifiez pas à cette facette de la personnalité. Votre conscience, tel un chef d'orchestre a le défi d'apprivoiser ce *moi-perfectionniste* de sorte qu'il soit à votre service.	
Ce que je peux faire : choisissez au moins 3 actions ou attitudes à mettre en place parmi les 12 suivantes.	
J'apprends à laisser un peu de désordre.	
Je développe ma spiritualité et je prends de la hauteur sur les petits soucis du quotidien.	
Je m'autorise de petits écarts alimentaires.	
Je pratique la méditation pour lâcher prise.	
Je pratique des activités sportives pour revenir au corps.	
Je fais un effort pour exprimer mes sentiments et mes émotions.	
J'organise des soirées festives ou j'y participe.	

Je pratique des activités artistiques intuitives, qui ne nécessitent ni minutie ni recherche de perfection (théâtre d'improvisation, arts subjectifs, etc.).	
Je m'offre des séances de massages pour me détendre et ne penser à rien.	
Je voyage en laissant le plus de place possible aux synchronicités et aux envies du moment.	
Je me répète la phrase suivante : « Je me détends, je fais de mon mieux, la vie est belle. »	
Je m'engage en psychothérapie pour comprendre comment et pourquoi cette facette de la personnalité s'est surdéveloppée.	

Quelles activités professionnelles pour l'archétype *perfectionniste* ?

Les métiers liés à la santé et au bien-être comme nutritionniste, médecin, pharmacien, chirurgien, accompagnateur dans les thérapies alternatives, professeur de yoga, naturopathe, ou les métiers qui demandent de la minutie comme horloger, bijoutier, biologiste, artisan, etc.

Comment se comporter avec une personnalité type *perfectionniste* ?

À faire

- Lui montrer que vous appréciez son sens de la minutie et le soin qu'elle porte aux choses.
- Proposer des activités de détente.
- Chez elle, respecter la propreté des lieux.

- Dans le quotidien, faire un effort pour lui rendre la vie plus facile (même si vous ne serez jamais à la hauteur de ses exigences).
- S'appliquer lorsqu'elle vous demande de l'aide.
- Ne pas souligner ses erreurs.
- L'aider à relativiser. Engager des discussions spirituelles.

Pour l'enfant

- Valoriser sa compétence *perfectionniste* et lui proposer des tâches minutieuses (maquettes, etc.).
- Lui proposer aussi des activités ludiques et subjectives où la minutie n'est pas appropriée (peinture intuitive, danse sans codification, etc.).
- L'aider à discerner les attitudes qui sont bonnes ou pas pour lui.
- L'aider à prendre soin de son alimentation mais sans excès (il sera souvent allergique au gluten et lactose).
- L'emmener voir un sophrologue pour l'aider à lâcher prise.

À ne pas faire

- Critiquer ses exigences alimentaires, souvent elle n'a pas vraiment le choix.
- Se moquer de ses manies.
- Lui mettre la pression vis-à-vis des résultats.
- Parler des problèmes de santé de personnes qu'elle ne connaît pas.
- Insister sur ses manquements et erreurs.

Les personnalités *perfectionnistes* célèbres

La notion de célébrité indique nécessairement la dominance de la facette *solaire* ou *artiste* précédemment abordée. En y ajoutant la facette *perfectionniste*, nous pouvons mettre en avant les personnalités suivantes : Michael Jackson, Moby, Mylène Farmer, Karl Lagerfeld, Sophie Marceau, Audrey Tautou, Catherine Frot, Keanu Reeves, Tom Felton, Adriana Karembeu, Michel Drucker, etc.

Que faire si cet archétype de la personnalité semble insuffisant chez vous ?

Les signes qui ne trompent pas : entourez les points qui vous concernent.

- Chez moi, c'est le désordre.
- Je suis d'accord avec cet adage : « Une pomme par jour éloigne le médecin, surtout si on vise bien… » !
- J'ai peu d'exigences alimentaires, je ne m'en soucie pas vraiment.
- Je n'ai aucune attirance pour les activités type étirements, yoga, pilates, etc.
- Je me fous royalement du regard que les gens portent sur moi.
- Je ne me remets jamais en question.

DYNAMISEZ VOTRE ARCHÉTYPE *PERFECTIONNISTE*	
Ce que je peux faire : choisissez au moins 3 actions ou attitudes à mettre en place parmi les 12 suivantes.	
Je prends plus soin de mon alimentation, avec l'aide d'un nutritionniste ou d'un naturopathe.	
Quand je fais quelque chose, j'essaie de temps en temps de le faire impeccablement, bien au-delà de ce que j'ai l'habitude de faire.	
Je fais des efforts pour ranger et porter une attention plus soutenue à mon lieu de vie.	
Je pratique des activités qui me demandent de la minutie (dessin mandala, maquette, peinture figurative, poterie, sculpture, bricolage, puzzle, etc.).	
Je m'inscris à un stage ou à des cours de yoga.	
Je m'inspire de mes amis *perfectionnistes*.	
Je pratique la méditation.	
Je confronte mes idéaux et mon optimisme à l'analyse et la réalité de mon quotidien.	
Je fais un grand tri dans mes affaires.	
Je mets à jour les formalités administratives en souffrance.	
Je soigne mes tenues vestimentaires.	
Je consulte un thérapeute ou un psychologue pour faire un point sur ma vie.	

Avez-vous des traits de personnalité type *perfectionniste* ?

Dans le tableau suivant, répondez le plus naturellement possible par « Plutôt VRAI » ou « Plutôt FAUX » et totalisez vos réponses. Plus le nombre de « Plutôt VRAI » est important, plus l'archétype est dominant dans votre vie. Pour affiner ce questionnaire, faites-le remplir également par un proche et discutez-en ensemble !

L'ARCHÉTYPE DU *PERFECTIONNISTE*	**Plutôt VRAI**	**Plutôt FAUX**
Il m'est impossible de laisser la vaisselle traîner dans l'évier.		
Dès que j'ai le moindre symptôme, je consulte mon médecin.		
J'ai des allergies alimentaires ou autres troubles digestifs.		
J'ai besoin de beaucoup de temps pour me préparer avant de sortir.		
Je ne supporte pas quelqu'un qui ne prend pas soin de son hygiène.		
J'ai un métier qui exige beaucoup de minutie.		
Je pratique régulièrement des activités type yoga, pilates, étirements, qi gong, etc.		
Je m'auto-analyse sans arrêt.		
J'en connais un rayon sur la diététique.		
Je participe à des stages de développement personnel.		
J'ai du mal à exprimer mes sentiments et émotions.		
Je suis exigeant sur mon apparence physique.		
TOTAUX		

Résultat

De 0 à 3 (Plutôt VRAI) : votre facette *perfectionniste* semble peu présente dans votre vie ou sous l'influence d'un autre archétype dominant aux fonctions opposés (l'*idéaliste*, l'*épicurien* ou la facette *guerrière*). Inspirez-vous de certaines propositions du tableau « Dynamisez votre archétype *perfectionniste* ».

De 4 à 8 : votre *moi-perfectionniste* semble équilibré, vous savez prendre soin de votre santé et de l'ordre qui règne dans votre vie sans être maniaque ni extrémiste.

De 9 à 12 : vous possédez un trait de caractère *perfectionniste* bien marqué qui vous permet de faire les choses de manière irréprochable. Il sera néanmoins nécessaire de vous détendre plus souvent et ne pas vous focaliser sur les détails de votre quotidien ou vos petits soucis de santé. Profitez de l'instant présent et faites certaines choses de manière légère et spontanée ! Inspirez-vous de certaines propositions du tableau « Apaisez votre archétype *perfectionniste* ».

MANDALA DE L'ARCHÉTYPE *PERFECTIONNISTE*

Pour le télécharger en grand format, rendez-vous page 2.

Rituel d'intégration

Pour terminer cette étude, je vous propose une cérémonie sacrée qui vous permettra d'entrer en relation de manière symbolique et énergétique avec votre archétype *perfectionniste.*

Préparation en amont

1. Accordez-vous 30 minutes.
2. Organisez-vous pour ne pas être dérangé.
3. Choisissez un endroit harmonieux.
4. À côté de vous, placez une soucoupe avec du sable ou de la terre qui représentera l'élément TERRE.

Rituel : reliez-vous à l'énergie de votre archétype *perfectionniste,* coloriez le mandala ci-dessous avec uniquement les couleurs MARRON et ORANGE (+ blanc). Laissez votre intuition vous guider et accueillez avec bienveillance l'expression symbolique de cette facette intérieure. Soyez le plus appliqué possible si vous considérez que cet archétype n'est pas important chez vous, ou, au contraire, prenez soin d'observer la tension et la minutie qui vous animent lors de sa réalisation !

Évolution d'intégration : si cet archétype mérite un travail d'harmonisation dans votre vie, refaites régulièrement ce rituel pour voir l'évolution de votre mandala *perfectionniste.* Pour ce faire, photocopiez-le avant de commencer votre coloriage.

AIDE FLORALE (fleur de Bach)

Crab Apple – Pommier sauvage

Pour vous aider à mieux accepter les imperfections de la vie quotidienne et celles liées à votre corps et sa santé : 4 gouttes sous la langue, 2 fois par jour minimum, durant 3 semaines ou lors des périodes très agissantes de votre facette *perfectionniste.*

LA PERSONNALITÉ *TYPE AFFECTIF*

L'intelligence relationnelle

« Céder, faire ce que veulent les autres, répond à sa nature, parce qu'elle ne désire que la paix, rien que la paix. »

Stefan Zweig

Force naturelle et symbolisme

Dans la nature, cette facette correspond à l'abondance des formes et des couleurs, la montée des essences végétales qui attirent à elles l'amour, c'est-à-dire le plus de lumière possible pour croître. Les fleurs, grâce à leurs couleurs et leurs parfums « séduisent » et attirent les insectes pour être pollinisées. De même, les individus marqués par cette énergie archétypale sont constamment en recherche de liens, d'**harmonie**, d'**amour** et de **paix**, ce qui conduit à la nommer *l'affective, la séductrice, la romantique* ou encore *la sentimentale.*

Psychologie, besoins et compétences

On retrouve cet archétype féminin indifféremment chez un homme ou une femme. Cette force représente l'attirance que nous ressentons pour une personne qui éveille un désir de partage, puis la recherche d'une relation plus profonde. Pour le trait de caractère *affectif*, il y a toujours un terrain d'entente et d'harmonie, en dehors des intérêts de pouvoir. **Cette facette de l'identité ne se suffit pas à elle-même, elle a besoin de former un duo, comme une fleur a besoin de l'insecte pour croître.**

Hypersensible aux ambiances, l'individu au trait de personnalité *affectif* dominant a horreur de la lutte et du conflit, et aspire à la paix relationnelle. Ainsi, une prédominance de cette facette peut gêner l'expression de l'archétype *guerrier* et sa fonction d'affirmation personnelle.

Toute relation non équilibrée s'avère à plus ou moins long terme dramatique car qui dit « affectif » dit vite « affecté ». En effet, cet archétype possède une hypersensibilité innée, que certains vécus peuvent rendre encore plus réactive. Lors de mes consultations, j'observe chez les *affectifs* une culpabilité vis-à-vis de leur sensibilité et de leur « dépendance affective ». Ce besoin d'intimité relationnelle doit d'abord être connu, intégré et assumé pour ne plus être considéré comme une faiblesse. Il est ensuite judicieux de « réparer » les expériences douloureuses afin de rendre le terrain relationnel moins réactif aux sentiments d'abandon ou tout type de trouble relationnel. Enfin, développer une force archétypale complémentaire, moins sensible, permettra d'harmoniser ses traits de personnalités.

Ce tempérament symbolise cette partie la plus sensible de notre psychisme, et correspond à notre « *enfant* intérieur » et *son* besoin d'*aimer* et d'*être aimé*. Il nous donne accès à la vulnérabilité fondamentale en chacun de nous, qui détient les mémoires profondes de nos blessures affectives de l'enfance, sources d'une majorité de nos troubles comportementaux. Cette vulnérabilité peut déclencher une stratégie de protection via l'expression d'autres archétypes à faibles sensibilités nerveuses : le *guerrier*, le *responsable* ou le *critique intérieur*.

Les personnes très marquées par cette affectivité auront intérêt à réaliser un « ***casting*** » rigoureux dans leur vie amoureuse et sentimentale (voir mon précédent ouvrage : *Les 7 étapes de l'attraction amoureuse*, aux éditions Marabout).

Difficultés psychologiques

L'exemple d'Alice

Alice est une jeune fille de 12 ans au trait de caractère affectif dominant. Accompagnée de sa mère, elle me consulte pour des courbatures généralisées. Dès son entrée au collège, il y a six mois, son hypersensibilité et sa pudeur irritent certaines de ses camarades qui la jugent faible et la prennent pour cible. Alice est régulièrement moquée devant tout le monde et surnommée « petite fleur de la classe ». Elle souffre de leur méchanceté, d'autant que ses amies se sont éloignées d'elle, car être son amie devenait de plus en plus impopulaire. Très isolée, Alice s'est résignée puis renfermée sur elle-même sans rien dire. C'est la baisse brutale de ses résultats scolaires qui a alerté ses parents et ses professeurs, mais malheureusement, rien n'a pu être mis en place pour la protéger. Un semestre plus tard, Alice s'est retrouvée en grande souffrance psycho-émotionnelle. Elle s'est alors emmurée dans un mutisme et a glissé dans une sorte de dépression. Puis est arrivé un jour où elle n'a plus voulu aller à l'école, prise de maux de tête et de ventre, parfois de nausées et de vomissements dès le réveil.

J'ai orienté nos premières séances d'ostéopathie sur une décompression du fascia cardiaque (le péricarde) et du nerf vague, qui sont en général impactés chez les tempéraments affectifs. Alice parviendra peu à peu à mettre des mots sur ses souffrances et avouera tristement « détester être aussi faible » ! Je me suis donc employé à lui faire comprendre qu'avec le temps, elle parviendra à considérer sa « puissance de cœur » comme une compétence plutôt qu'un défaut. Mais exprimer verbalement son stress et ses souffrances était déjà un grand pas. Elle devra apprendre petit à petit à respecter et protéger cette belle sensibilité des malveillances injustes…

Alice a terminé son année de sixième dans un collège alternatif où elle a retrouvé le goût de la scolarité et de l'amitié. Dans cette ambiance éducative soutenante et protectrice, Alice a repris confiance en elle et peut exprimer sa sensibilité au travers des arts, fortement valorisés dans cette structure. Elle s'est prise de passion pour le dessin et la musique, disciplines dans lesquelles elle est douée et qui renforcent son estime d'elle-même. Elle s'investit également dans l'aviron, encouragée par son professeur de sport. Sept ans plus tard, à 19 ans, Alice est engagée dans des études d'architecte d'intérieur. Plus mature, elle se sent apte à apprivoiser sa sensibilité. Bien que sa vie affective semble toujours délicate, elle est à l'aise avec cette particularité de sa constitution et s'efforce de s'entourer de personnes respectueuses et bienveillantes.

La vulnérabilité de la personnalité affective étant **le sentiment d'abandon**, sa construction psychique, depuis l'enfance, est organisé en vue de l'éviter. Elle fera toujours son possible pour harmoniser la relation et entretenir un lien fort et sécurisant. Elle est donc sujette à une certaine perte d'identité dans la relation amoureuse où elle accepte nombre de choses en désaccord avec ses besoins ! Il arrive souvent qu'elle traverse une dépression suite à une rupture amoureuse.

Mais ce tempérament comporte d'autres difficultés. Le *moi-affectif* induit un fort pouvoir de séduction pour trouver l'affection dont il a besoin, ce qui peut lui être nuisible s'il n'en a pas une certaine « maîtrise ». Il peut en être de même pour ceux qui tomberaient sous son charme. En littérature comme au cinéma, le pouvoir de cette puissance archétypale justifie la fascination mêlée d'angoisse qui peut mener à la folie et au crime passionnel. Lorsque la passion issue d'un grave manque affectif aveugle plutôt qu'elle éclaire, lorsqu'elle emprisonne plutôt qu'elle libère, la face sombre de la personnalité *affective* et *séductrice* est à l'œuvre.

L'attraction amoureuse est pourtant source de transformation : séduire vient du latin *seducere* qui signifie « emmener ailleurs », c'est-à-dire emporter la personne au-delà de son expérience habituelle. La séduction implique une sorte d'enchantement qui vient troubler l'ordre des choses de manière inattendue et irrésistible. Séduire ou être séduit nous rapproche de l'autre et c'est bien le besoin et la compétence de cette force archétypale. Mais lorsque l'on attire à soi ou qu'on se laisse séduire par une personne qui ne nous convient pas, en amour comme en amitié, l'expérience peut s'avérer coûteuse car les expériences affectives douloureuses impactent le psychisme et la santé.

Dans les difficultés que peut rencontrer la personnalité *affective*, notons l'instabilité amoureuse mais aussi la jalousie et difficulté à gérer la perte de ses charmes avec le temps.

- Une personne marquée par ce *moi-affectif* aura plus de difficulté qu'une autre à maintenir une relation amoureuse dans la durée, tant ses besoins d'attention et de partage amoureux sont importants. Les insatisfactions mêlées à la puissance de ses charmes peuvent donc susciter des rencontres et tentations d'intimité multiples. Malgré sa forte propension à être en couple, la personnalité *affective* souffre ainsi souvent de ne pas pouvoir construire une vie amoureuse stable.
- Lorsqu'on incarne la beauté et la puissance d'attraction, il faut s'attendre à des manifestations de jalousie. De nombreuses jeunes patientes, « séductrices » plus ou moins malgré elles, évoquent des cas de harcèlement de la part des autres filles. Il en est de même à l'âge adulte.

• Avec le temps, le déclin de ce pouvoir d'attraction provoque un grand désespoir et une perte d'identité profonde **lorsqu'il y a eu identification à cet archétype tout au long de sa vie.** Certaines personnes utilisent alors tous les moyens pour lutter contre les dommages du temps : chirurgie esthétique, excès d'activités sportives, discipline alimentaire extrême, etc. Mais la puissance de cœur qui anime la personnalité *affective* peut s'élargir au-delà du corps physique. C'est alors un autre charme qui apparaît : celui de savoir vieillir avec élégance.

L'archétype ou le trait de personnalité complémentaire

La facette *affective* sera souvent attirée au premier abord par la fougue de la facette *guerrière* qui sera une locomotive pour elle. Un équilibre peut se mettre en place, entre l'une qui peine à s'affirmer et agir et l'autre qui possède le feu et le courage nécessaires pour entreprendre. Mais c'est avant tout en nous-mêmes que nous devons développer cette autre facette afin de trouver un équilibre intérieur.

Reconnaître la personnalité type *affectif*

Le comportement

À son contact, vous êtes séduit. La conversation est fluide, agréable et bienveillante. C'est normal, cette personne est douée pour la relation humaine. Son charme agit vite et ne vous laisse pas indifférent. Elle pousse à la rencontre et à l'amitié. Très sensible au conflit, elle l'évitera à tout prix.

L'attitude

La personnalité *affective* est gâtée par un physique agréable et séduisant. Quand elle vous écoute, elle penche la tête sur le côté, ainsi qu'en posant pour une photo. L'apparence est soignée. L'attitude est solennelle, gracieuse mais quelque peu calculée. La démarche, rythmée, semble assurée, tranquille, inspirée surtout de la conscience du charme inné qu'elle incarne. Pour une femme comme pour un homme, le regard et la voix sont caressants et voluptueux et dans l'ensemble, l'énergie de la personnalité *affective* est prompte à la rencontre.

Intuitivement, notez de 1 à 10 l'importance de ce trait de personnalité chez vous.

1	2	3	4	5	6	7	8	9	10

Que faire si cet archétype semble trop dominant chez vous ?

Les signes qui ne trompent pas : entourez les points qui vous concernent.

- Je suis très perturbé lorsque je suis dans un conflit.
- Je m'oublie pour garder l'harmonie relationnelle.
- Je souris à tout le monde.
- Ma vie amoureuse est instable.
- En amour, dès que mon partenaire est un peu moins investi, je perds confiance en moi.
- Si on m'accoste dans la rue, je m'arrête pour discuter.
- J'ai souvent le sentiment d'être abandonné.
- Je ne supporte pas la solitude et je ne reste jamais célibataire bien longtemps.

APAISEZ VOTRE ARCHÉTYPE *AFFECTIF*	
Ce que je peux faire : choisissez au moins 3 actions ou attitudes à mettre en place parmi les 12 suivantes.	
Je nourris ma vie relationnelle pour ne pas manquer d'affection et de partages.	
Si ma dépendance affective est importante, je tente d'élucider certaines mémoires vécues d'abandon (famille ou relations passées), voire transgénérationnelles.	
J'apprends à faire des activités seul.	
Je fais attention à mon « casting » relationnel car une relation toxique m'affecte beaucoup.	

J'apprends à ressentir mes besoins et à dire « non » en amour comme en amitié.	
Pour m'affirmer, je développe ma facette *guerrière* par une activité sportive dynamique.	
Je prends régulièrement des douches fraîches pour abaisser ma sensibilité nerveuse.	
Je médite 10 minutes par jour pour me recentrer et être moins impacté par mon environnement.	
Je mets moins mes charmes en avant (parfum, maquillage, tenue, etc.).	
Si je ne suis pas en harmonie dans mon quotidien, je prends des décisions pour retrouver la paix intérieure.	
Je mets tout en place pour favoriser une rencontre amoureuse stable et nourrissante (voir mon précédent ouvrage, *Les 7 étapes de l'attraction amoureuse*, éditions Marabout).	

Quelles activités professionnelles pour l'archétype *affectif* ?

Tous les métiers de relation et de service : hôtesse de l'air, steward, coiffeur, décorateur ou architecte intérieur, ainsi que les métiers dans le domaine des arts, des lettres, de la mode, de l'esthétique, etc. Éviter les professions où la relation humaine et l'expression des sentiments sont mal prises en compte.

Comment se comporter avec une personnalité type *affectif* ?

À faire

- L'écouter et vous intéresser à ses ressentis et sentiments.
- Mettre de la forme et de la délicatesse dans ce que vous lui dites.

- Maintenir un contact chaleureux et régulier.
- Lui proposer des moments de partage (cinéma, restaurant, balade, etc.).

Pour un enfant

- Créer le plus possible d'harmonie dans le foyer et dans sa chambre (couleurs, musiques, odeurs et ambiance relationnelle, etc.).
- Lui apprendre à assumer sa sensibilité et exprimer ses émotions.
- Veiller à ce qu'il ne s'endurcisse pas trop dans sa tentative de contrer son hypersensibilité.
- Mettre en avant l'importance de bien choisir ses amis.

En amour

- Exprimer à quel point votre relation avec elle est agréable.
- Créer des surprises qui lui prouvent l'attention que vous lui portez.
- Proposer des soirées divertissantes (danse, etc.) et des sorties surprises (restaurant, escapade romantique).

À ne pas faire

- Critiquer son hypersensibilité.
- Vouloir l'endurcir.
- Lui imposer un esprit de compétition au travail ou en sport.
- Se mettre en colère et avoir des mots durs.
- Ne pas reconnaître ses erreurs ou ses implications.
- S'en aller lors d'une dispute.

- Ne pas lui souhaiter son anniversaire.
- Répondre tardivement à ses messages.
- Lui mentir ou la trahir car elle ne pourra plus vous faire confiance.

Les personnalités *affectives* célèbres

Marilyn Monroe, Brigitte Bardot, Romy Schneider, Angelina Jolie, Jessica Alba, Adriana Karembeu, Jennifer Aniston, Ed Sheeran, Leonardo DiCaprio, Tom Cruise, Alain Delon, George Clooney, etc.

Que faire si cet archétype de la personnalité semble insuffisant chez vous ?

Les signes qui ne trompent pas : entourez les points qui vous concernent.

- Je ne parle pas de mes sentiments.
- Je suis direct et franc, je ne sais pas tergiverser.
- Les séparations amoureuses ne me perturbent pas.
- Je ne porte pas attention à la décoration de mon habitat.
- Je ne me remets pas en question.
- Le bruit autour de moi ne me dérange pas.
- Je suis un solitaire et je le revendique.
- Je préfère une soirée festive avec des amis qu'une soirée en amoureux.
- Dans les conversations, je parle de moi et de mes projets.

DYNAMISEZ VOTRE ARCHÉTYPE *AFFECTIF*	
Ce que je peux faire : choisissez au moins 3 actions ou attitudes à mettre en place parmi les 12 suivantes.	
Je mets de la couleur et de l'harmonie dans mon habitat (plantes, art, etc.).	
Je passe du temps dans la nature et j'observe la beauté des paysages.	
Je porte attention à mes relations.	
Je souris dans les simples rencontres.	
Je donne des marques d'attention aux personnes que j'apprécie	
Je prends le temps de me détendre et de me faire masser.	
Je prends soin de mes tenues vestimentaires.	
Je regarde des films romantiques, avec ou sans mon partenaire.	
Je m'engage dans un processus psychothérapeutique pour clarifier mon vécu affectif.	
Je participe à des séminaires de développement personnel.	
J'apprends à ressentir mes émotions et exprimer mes sentiments.	
Je pratique la danse, la Biodanza ou le tantra.	
J'organise un voyage romantique avec mon/ma partenaire.	

Avez-vous des traits de personnalité type *affectif* ?

Dans le tableau suivant, répondez par « Plutôt VRAI » ou « Plutôt FAUX » et totalisez vos réponses. Plus le nombre de « Plutôt VRAI » est important, plus l'archétype est dominant dans votre vie. Pour affiner ce questionnaire, faites-le remplir également par un proche, puis partagez vos impressions.

L'ARCHÉTYPE *AFFECTIF*	**Plutôt VRAI**	**Plutôt FAUX**
Je porte un soin tout particulier à la décoration de mon lieu de vie.		
L'amitié et la vie de couple sont mes priorités.		
Je suis sentimental et romantique.		
J'ai besoin de l'autre pour agir et mettre en place des projets.		
J'aime séduire et être séduit.		
Je déteste l'injustice et le mensonge.		
Je n'ai pas confiance en moi, je perds facilement mon identité dans la relation.		
Si une dispute éclate entre amis, je tente d'apaiser le conflit avec tact et douceur.		
J'ai du mal à me faire respecter.		
J'ai souvent le sentiment d'être abandonné.		
Dans les conflits relationnels, mon corps somatise (oppression poitrine, ballonnements, maux de dos, etc.).		
TOTAUX		

Résultats

De 0 à 3 (Plutôt VRAI) : votre facette *affective* semble sous l'influence d'un autre archétype dominant aux fonctions opposées (le *responsable*, l'*artiste*, l'*épicurien* ou la facette *guerrière*). Questionnez-vous sur la compréhension et la relation que vous entretenez avec cette force archétypale la plus sensible de votre identité. Mettez en œuvre certaines propositions du tableau « Dynamisez votre archétype *affectif* ».

De 4 à 8 : votre *moi-affectif* s'exprime sans perturber votre quotidien et votre vie relationnelle est probablement riche.

De 9 à 12 : votre grande sensibilité à l'amour vous permet de créer des liens forts et nourrissants. Il est peut-être nécessaire d'exprimer d'autres facettes de votre personnalité pour vous mieux vous affirmer dans les relations. Inspirez-vous du tableau « Apaisez votre archétype *affectif* ».

MANDALA DE L'ARCHÉTYPE *AFFECTIF*

Pour le télécharger en grand format, rendez-vous page 2.

Rituel d'intégration

Pour terminer cette étude, je vous propose une cérémonie sacrée pour entrer en relation symbolique et énergétique avec votre archétype *affectif* ou *sentimental*.

Préparation en amont

1. Accordez-vous 30 minutes.
2. Organisez-vous pour ne pas être dérangé.
3. Choisissez un endroit harmonieux.
4. À côté de vous, placez une fleur.

Rituel : reliez-vous à l'énergie de votre *moi-affectif*, coloriez le mandala ci-contre avec uniquement la couleur ROSE (+ blanc). Laissez votre intuition vous guider dans ce travail et accueillez avec bienveillance l'expression symbolique de cette facette en vous.

Évolution d'intégration : si cet archétype mérite un travail d'harmonisation dans votre vie, refaites régulièrement ce rituel pour voir l'évolution de votre mandala *affectif*. Pour ce faire, photocopiez-le avant de commencer votre coloriage.

AIDE FLORALE (fleur de Bach)

***Scleranthus* – Scléranthe**

Pour apporter l'équilibre et l'harmonie intérieure dont a besoin cet archétype : 4 gouttes sous la langue, 2 fois par jour minimum, durant 3 semaines ou lors des périodes très agissantes de votre facette *affective*.

LA PERSONNALITÉ *TYPE CRITIQUE INTÉRIEUR*

L'intelligence intra-personnelle et transgénérationnelle

Force naturelle et symbolisme

Ce trait de personnalité que nous pouvons nommer le *critique* ou le *juge intérieur*, le *transformateur*, l'*alchimiste* ou encore le *purificateur*, lié à la saison **d'automne**, génère les plus fortes turbulences intérieures. Quelque chose de fatal, d'impératif désigne les personnes à forte dominante « critique ».

En automne, la nature marque la mort de la végétation : l'herbe s'arrête de pousser, la sève des arbres descend vers les racines, les feuilles tombent et pourrissent. Le sol est en putréfaction. Cette force archétypale peut être appréhendée comme un « anti-soleil », une sorte de fossoyeur du beau ou du paraître. Ici, l'idée de la mort est personnifiée, nous entrons dans une phase de « chaos ».

Psychologie, besoins et compétences

Ce trait de personnalité, bien que très clairement différent de celui du *perfectionniste*, le rejoint néanmoins en quelques endroits. Alors que le discernement du pur et de l'impur est l'apanage de ce dernier (analogie avec les intestins), celui du *critique intérieur* ou *purificateur* (gros intestin) a pour fonction **l'élimination de l'impur.** L'analogie avec la saison d'automne et cette correspondance organique permettent de comprendre le principe et les fonctions de cette force archétypale.

Dans un premier temps, la fonction de notre *critique intérieur* a pour objectif d'accueillir dans « le royaume des ombres » ou dans l'inconscient ce qui n'est plus viable, ce qui est impur ou qui ne peut simplement plus rester à la lumière (conscient). C'est le phénomène de sidération ou d'inhibition. Dans un second temps (parfois le lendemain ou après plusieurs générations !), il rouvre les portes de cet inconscient (somatisation) pour un retour vers la conscience. En effet, lors de vécus émotionnels importants, voire traumatiques, l'inhibition permet de mettre en attente des informations trop complexes ou intenses à traiter. C'est un refoulement salvateur (pour un temps) dans l'inconscient, le fusible qui saute pour sauvegarder l'ensemble de l'installation électrique ! La fonction inhibitrice bloquante est donc essentielle au vivant ; elle préserve la vie en neutralisant les effets d'un stimulus qui dépasse les capacités nerveuses de l'organisme. Bien que cette réaction fasse partie d'un système de survie, le refoulement émotionnel peut donner naissance, par la suite, à tout type de réaction somatique, plus ou moins grave. Ainsi, la deuxième fonction de cette force archétypale se retrouve dans ce principe de somatisation. L'individu confronté à ce surgissement de « l'ombre » au niveau physiologique, physique ou psychique, cherchera à comprendre et à porter son attention sur son monde intérieur, c'est-à-dire ses besoins et ses émotions refoulées.

En psychanalyse, cette force archétypale du *critique intérieur* pourrait avoir des correspondances avec le *surmoi* de Freud, cette entité psychique qui nous pousserait implacablement à donner le meilleur de nous-mêmes. *Surmoi* d'autant plus terrible lorsque les mémoires traumatiques inhibées (vécues ou transmises) demeurent insuffisamment éliminées et bloquent notre épanouissement.

Ce trait de caractère est à l'origine de bien des souffrances lorsqu'il n'est pas compris et utilisé à bon escient. Et pourtant, les transformations successives qu'il permet ouvrent les portes du renouveau et de l'évolution. Préférons-nous rester chenille toute notre vie ou accéder à la liberté du papillon ? Pour cela, le difficile processus de la chrysalide est nécessaire.

Le *critique intérieur* représente les trésors cachés qu'il faut découvrir sous la surface de notre monde conscient, reliés souvent aux grands mystères de la vie que sont **le pouvoir, l'argent, la sexualité et la mort**. Le *moi-critique* représente la crise de fond engendrant la régénérescence, l'endroit où la mort se change en fleur de lotus. Mais à quel prix ! « Quand un être descend au plus intime de soi-même, quand il est décidé à fouiller au fond de sa personnalité, il réveille en son sang les puissances mystérieuses de tous ses ancêtres[5]. »

Dans notre inconscient, territoire de cette force psychique, résident les ombres (inhibitions) de nos lignées. L'automne et sa force dépressive est en effet la période où l'on célèbre les défunts, précisément à la Toussaint. Certaines cultures pensent qu'à ce moment s'ouvre une « porte énergétique » pour leur rendre hommage.

Le témoignage que vous allez découvrir provient de ma propre expérience et d'un passage de vie lié à des clarifications transgénérationnelles. Il est repris dans l'ouvrage de Marie Facchineri, *Quand un passé ne passe pas* (éditions M Plus, 2020).

> *Depuis très jeune, les films ou documentaires télévisés qui montrent des morts brutales provoquaient en moi un malaise important et anormal. Incapable de désamorcer cette peur, j'ai cherché de l'aide auprès d'un thérapeute.*
>
> *Nous avons beaucoup parlé de cette réaction pour assez vite la nommer « symptôme ». Nous avons cherché dans mon vécu des liens avec la mort, puis avec les différentes formes de violences pouvant l'entraîner. Comme rien de particulier n'émergeait, mon thérapeute m'a alors proposé de faire mon arbre généalogique. Et là, comme une évidence, je me suis entendu lui raconter l'histoire de René, le frère de mon père, tué en Algérie pendant la guerre d'indépendance. Mon thérapeute m'invita à échanger avec les miens sur ce triste événement.*

5. Stefan Zweig, *Marie-Antoinette*.

J'ai donc rendu visite à ma tante Lucette, l'aînée de la fratrie, qui m'a montré deux albums photos. Ses silences insinuaient amertume et nostalgie. D'abord pour ce frère René, assassiné pour rien, et puis de leur vie là-bas, que toute la famille a été forcée d'abandonner afin de fuir vers la France. Puis elle est allée chercher un livre sur cette guerre de l'indépendance algérienne. Après quelques pages, je suis tombé – hasard ou fatalité – sur un cliché en noir et blanc qui m'a paralysé d'effroi pendant quelques instants : un homme qui, tout en s'enfuyant, s'était retourné et regardait son meurtrier le mettre en joue ! Et là me revint en mémoire que mon oncle avait été abattu, lui aussi, en s'enfuyant ! Avait-il aussi tourné la tête vers son meurtrier ?

Je tentai de me représenter l'enfance de mon père, son attachement à son pays et son déchirement de l'avoir fui pour toujours, la perte de ce frère aîné, si injuste. Jusque-là, je ne m'étais jamais demandé pourquoi nos parents taisent certains passages de leur existence. Est-ce pour nous préserver ? Parce que nous manifestons peu d'intérêt pour leur passé ? Ou bien pour se soustraire à des souvenirs encore douloureux ? La relation entre cet oncle, auquel je me sentais désormais lié, et cette photo d'exécution demeurait là, en filigrane de mon introspection…

Mon thérapeute me proposa d'essayer de clarifier ces mémoires transgénérationnelles en réalisant une constellation familiale, une sorte de psychodrame où il est question de remettre en situation énergétique et systémique un événement traumatique et/ou non résolu. Lors de cet atelier thérapeutique de groupe, j'avais représenté la fratrie complète de mon père. J'ai d'abord choisi six représentants dans l'assemblée. Ensuite j'ai placé d'un côté de la pièce une corde formant un grand cercle au sol pour représenter l'Algérie. Au centre de ce cercle, j'ai positionné le représentant de mon oncle René. À l'autre extrémité de la salle, un autre cercle symbolisait la France, à l'intérieur duquel j'ai placé les autres représentants de la fratrie. J'ai fait quelques pas en arrière pour observer les premiers mouvements.

Le représentant de René s'était assis par terre, affaissé au sol, tête baissée, dans une posture de tristesse. Et à l'autre bout de la pièce, tous les autres, pourtant déjà serrés à l'intérieur de leur cercle, se sont comprimés, comme en signe de solidarité. Lorsque le thérapeute les a interrogés sur leurs ressentis ou pensées, chacun a exprimé la même évidence : « Pourquoi on a laissé René là-bas ? » Tous semblaient très mal à l'aise de le voir ainsi abattu, loin des siens, et moi de même. Finalement, personne n'avait fait le deuil de ce frère et ça, je l'ai toujours ressenti chez mon père. Le thérapeute aida à exprimer les peines et les culpabilités de chacun puis à instaurer un dialogue symbolique apaisant entre René et ses frères et sœurs. Les émotions étaient intenses. Je me suis ensuite senti étonnamment plus léger, débarrassé d'un poids.

Je ne sais pas comment tout cela s'est intégré dans ma vie mais ce que je sais, c'est que mes attitudes sociales ont évolué. Je me sentais plus en confiance et disponible aux autres. L'idée et l'image de la mort n'ont plus aujourd'hui le même impact sur moi.

Au cours de mes consultations, je remarque que les patients fortement animés par ce trait de personnalité semblent marqués, plus que les autres, par des vécus traumatiques en provenance de l'une de leurs lignées (culpabilités, frustrations, trahisons, deuils non faits, suicides, avortements, mort du nourrisson, abus sexuels, secrets de famille ou non-dits). Il sera dans ce cas toujours judicieux de mettre en lumière une partie de cet héritage afin de mieux vivre son présent.

Difficultés psychologiques

Quel chemin avant que notre conscience puisse apprivoiser cette facette de la personnalité ! Les transformations se succéderont grâce aux différents deuils, et certaines pages du quotidien devront se tourner. La clarification de certaines mémoires vécues et acquises, c'est-à-dire transgénérationnelles, devra être mise en lumière, mais une intervention trop cérébrale ou spirituelle irait à l'encontre du processus de renaissance. En effet, seules des pratiques psychocorporelles et émotionnelles permettent de nous libérer de certaines mémoires.

Face aux souffrances qu'engendrent ces phases de transformation, parfois récurrentes, il est utile d'être accompagné par des psychothérapeutes ou psychologues capables d'une approche holistique.

Pour l'individu au trait de personnalité *critique intérieur* dominant, tenter de refouler cette exigence d'introspection lorsqu'elle s'impose ou d'arrêter cette énergie souterraine en pleine recherche de réalisation s'avère délicat. Vivre dans le déni nous pousse à adopter une attitude de victime ou à devenir un révolté toujours insatisfait. Le risque est grand, alors, de projeter sur son environnement ses propres échecs et culpabilités. D'une façon générale, lorsque ce trait de caractère n'est pas compris, assumé et utilisé à bon escient, l'individu devient vite une personnalité compliquée et taciturne, voire destructrice.

Pourtant, les patients qui traversent en conscience cet automne intérieur, en favorisant l'introspection et le principe de deuil ou d'élimination, démontrent qu'après le chaos apparaît une vie intérieure plus riche qu'ils n'auraient jamais pu imaginer auparavant.

L'archétype ou le trait de personnalité complémentaire

Ici, trois forces archétypales peuvent aider l'individu à trouver un équilibre de vie : le *sensuel* qui aide la personne à construire des bases relationnelles solides afin de mieux traverser certaines phases de vie ; l'*idéaliste* ou le *spirituel* qui aide à développer l'espoir et la foi ; et l'*épicurien*, comme meilleur trait de personnalité « antidépressif ».

Reconnaître la personnalité type *critique intérieur*

Le comportement

Son esprit critique est très développé. C'est souvent un insatisfait, mais c'est avant tout un fin psychologue lorsqu'il utilise sa sagacité à bon escient. Il se tient d'abord souvent en retrait. En société, il scrute chaque personne pour déceler qui est bienveillant, futile ou vif d'esprit comme lui. S'il se sent en sécurité, il prendra part activement à la soirée, sinon il restera dans son coin ou partira en trouvant une excuse. Il est donc des plus discrets, mais à ses côtés vous vous sentez à nu, influencé et attiré probablement par son magnétisme. Il entrera rapidement dans l'intimité de la relation avec un sentiment puissant de connexion intérieure. Avec lui, vous vous confierez très vite sans vous en apercevoir.

L'attitude

C'est à son regard perçant et à sa voix que nous pouvons reconnaître un trait de personnalité *critique intérieur* dominant. La voix semble sortir des profondeurs, elle est grave et rauque. Le visage est rigide et froid. Sa stature est plutôt tonique.

La présence du *critique intérieur* est forte et magnétique, elle inspire parfois les passions les plus sombres mais on peut surtout dire qu'elle dérange.

Intuitivement, notez de 1 à 10 l'importance de ce trait de personnalité chez vous.

1	2	3	4	5	6	7	8	9	10

Que faire si cet archétype de la personnalité semble trop dominant chez vous ?

Les signes qui ne trompent pas : entourez les points qui vous concernent.

- Je me dévalorise sans arrêt.
- Je suis très exigeant envers les autres.
- Je suis hyper sensible au regard que l'on pose sur moi.
- J'ai souvent des angoisses ou des idées noires.
- Je perçois immédiatement les défauts et les faux-semblants chez les autres.
- J'ai beaucoup de mal à faire le deuil lors des séparations affectives.
- J'ai des troubles addictifs (sexe, drogue, alcool, etc.).
- Je vois toujours le verre à moitié vide plutôt qu'à moitié plein.
- Je suis très pessimiste quant à l'évolution de notre société.

APAISEZ VOTRE ARCHÉTYPE *CRITIQUE INTÉRIEUR*	
Personnifiez cette force archétypale comme une sorte de *juge intérieur*, certes extrêmement exigeant mais au service de votre évolution !	
Ce que je peux faire : choisissez au moins 3 actions ou attitudes à mettre en place parmi les 12 suivantes.	
J'assume mes erreurs et mes manquements et je m'en sers pour évoluer.	
En cas d'idées noires, je répète la phrase : « Je me libère avec joie des liens du passé pour m'ouvrir au changement. »	
Je m'engage dans un processus thérapeutique d'élucidation de mon propre vécu pour tourner les pages.	
Je cultive mon estime personnelle en faisant des choses utiles, sociales et valorisantes.	
Je choisis une passion constructive et créative pour canaliser cette force intérieure.	
Je participe à des ateliers de constellations familiales pour me libérer du poids de certaines mémoires transgénérationnelles.	
J'apprends à ne pas garder en moi ce qui me blesse, j'en parle au plus vite aux personnes concernées.	
Je pratique des activités physiques pour soulager ma tension intérieure.	
Je me force à cultiver des contacts sociaux et à être plus tolérant vis-à-vis des gens que je rencontre. Je pars en voyage.	
Je lis des livres sur l'existence de la vie après la mort, par exemple *Le Test*, de Stéphane Allix (éditions Albin Michel, 2015).	
Je m'entoure et m'inspire de personnes optimistes, même si j'ai l'impression d'être plus réaliste qu'elles.	
Je joue à des jeux de société ou je pratique des activités ludiques.	

Quelles activités professionnelles pour l'archétype *critique intérieur* ?

Tous les métiers liés à l'introspection et aux travaux d'investigation : enquêteur, psychiatre et psychologue, journaliste, thanatopracteur, juge et magistrat, chirurgien, médecin légiste, photographe, critique littéraire, etc.

Comment se comporter avec une personnalité type *critique intérieur* ?

À faire

- Accepter sa tendance à pointer du doigt ce qui ne va pas.
- Dédramatiser ses erreurs et mettre en avant les leçons qu'elle peut en tirer.
- Rester discret sur votre vie.
- Valoriser les attitudes optimistes.
- Accepter ses remarques et critiques lorsqu'elles sont justes. Lui demander toutefois d'y mettre de la forme.
- Ne pas accepter la projection sur vous de ses fautes ou responsabilités.
- La sensibiliser sur la possibilité de mémoires vécues ou transgénérationnelles qui pourraient perturber sa santé, sa vie relationnelle ou son sens du discernement. L'inciter à suivre une thérapie psycho-émotionnelle.
- Éclaircir au plus vite les malentendus relationnels.

- Maintenir un contact affectif régulier.
- Respecter ses coupures, son besoin de silence et d'introspection.
- Adopter une communication non violente. Exprimez vos besoins, vos ressentis et non ce qu'elle a fait ou pas fait : « J'aurais eu besoin de, je me suis senti… »

À ne pas faire

- Lui faire des leçons de morale.
- Tolérer sa tendance à la victimisation.
- L'humilier.
- Se mettre en faute vis-à-vis d'elle.
- Se laisser charmer par son magnétisme sexuel.
- En couple, croire que l'amour ou le temps auront raison de ses ombres ou passions destructrices (addictions, etc.), peu probable sans un travail d'introspection approfondi.

Les personnalités *critique intérieur* célèbres

Pablo Picasso, Michel Foucault, Al Pacino, Robert De Niro, Jack Nicholson, Klaus Kinski, Leonardo DiCaprio, Joaquin Phoenix, Fabrice Lucchini, Marie Curie, Bette Davis, Virna Lisi, Katie McGrath, Margot Robbie, Björk, Lady Gaga, etc. Le trait de personnalité *critique intérieur* possède aussi un certain magnétisme sexuel que l'on retrouve dans les personnalités suivantes : Béatrice Dalle, Scarlett Johansson, Úrsula Corberó, Amy Winehouse, Serge Gainsbourg, Johnny Depp, etc.

Que faire si cet archétype de la personnalité semble insuffisant chez vous ?

Les signes qui ne trompent pas : entourez les points qui vous concernent.

- Je n'ai jamais consulté de thérapeute et je ne le ferai jamais.
- Je ne suis pas de nature à m'excuser ou demander pardon.
- Je ne suis pas à l'aise lorsque l'on parle de sujet intime ou sensible.
- Personne ne s'est jamais confié à moi.
- Je ne pense jamais à la mort.
- Je ne me soucie de rien, je vis au jour le jour.

DYNAMISEZ VOTRE ARCHÉTYPE *CRITIQUE INTÉRIEUR*	
On pourrait croire à une aubaine si cette facette de la personnalité est peu présente en nous, mais quelle perspective d'évolution pour une personne dénuée de sens critique et de capacité d'introspection ?	
Ce que je peux faire : choisissez au moins 3 actions ou attitudes à mettre en place parmi les 12 suivantes.	
Je comprends que l'autocritique est constructive et facteur d'évolution.	
Je passe du temps avec des personnes aux forces *critiques* importantes et bien canalisées.	
Je m'engage dans un processus thérapeutique individuel.	
Je remets en cause mon optimisme débordant et je regarde en face ce que je ne veux pas voir ou entendre.	
J'écoute les reproches avec humilité, sans m'offusquer ou me défendre. Je prends le temps de discerner ce qui m'incombe ou pas.	
J'ose parler de ma vie privée et des choses qui me touchent aux personnes de confiance.	

Je développe mon esprit critique et me fais ma propre opinion face aux idées reçues (amis, famille, médias, etc.).	
Quand je fais quelque chose, j'essaie de le faire impeccablement.	
Lorsque je suis en relation avec une personne dépressive, j'essaie de m'intéresser à l'origine de ses souffrances et de l'aider.	
Lorsque je tourne une page de ma vie, je fais en sorte avant d'avoir bien traversé ma peine et mes émotions.	
Je prends plus de temps à accueillir le silence et l'oisiveté.	
Je participe à des stages de développement personnel.	

Avez-vous des traits de personnalité type *critique intérieur* ?

Dans le tableau suivant, répondez par « Plutôt VRAI » ou « Plutôt FAUX » et totalisez vos réponses. Plus le nombre de « Plutôt VRAI » est important, plus l'archétype est dominant dans votre vie. Pour affiner ce questionnaire, faites-le remplir également par un proche qui vous connaît bien pour en discuter ensuite ensemble.

L'ARCHÉTYPE DU *CRITIQUE INTÉRIEUR*	**Plutôt OUI**	**Plutôt NON**
Je suis extrêmement exigeant envers moi-même.		
Dans les rencontres, j'ai tendance à observer les autres avant d'engager la conversation.		
Je suis discret et j'aime m'habiller en noir.		
Les personnes sont en général mal à l'aise en ma présence et sous mon regard.		
J'ai vécu plusieurs périodes dépressives.		
Je me sens attiré par tout ce qui a trait à la psychologie, aux mystères et à la mort.		

En amour comme en amitié, c'est tout ou rien, si on brise ma confiance j'ai du mal à pardonner.		
J'aime chercher la vérité au-delà des informations livrées par les médias de masse.		
Je suis très sensible au jugement que l'on porte sur moi.		
J'ai horreur d'arriver en retard à un rendez-vous.		
J'ai connaissance de nombreux vécus traumatiques et d'histoires non résolues dans ma lignée maternelle et/ou paternelle.		
Je suis sujet à la constipation et/ou aux problèmes génitaux.		
TOTAUX		

Résultats

De 0 à 3 (Plutôt VRAI) : votre facette *critique intérieur* semble peu présente dans votre vie ou sous l'influence d'un autre archétype dominant aux fonctions opposées (l'*épicurien*, l'*artiste* ou le *responsable*, ou encore la facette *guerrière* ou *idéaliste*). Questionnez-vous sur la relation que vous entretenez avec cette facette de votre identité nécessaire à l'introspection et l'évolution personnelle. Inspirez-vous également des propositions citées dans le tableau « Dynamisez votre archétype *critique intérieur* ».

De 4 à 8 : votre *moi-critique intérieur* semble équilibré et vous savez vous remettre en question mais sans excès. Sans faire de cette compétence psychologique un métier, vous savez vous analyser et accompagner les autres dans leur intériorité.

De 9 à 12 : vous possédez un trait de caractère *critique intérieur* très marqué qui vous permet d'entrer dans vos profondeurs et de vous y confronter. Avant de diminuer l'intensité de cette facette en vous, il est nécessaire de clarifier des passés qui ne sont pas passés, d'ordre personnel et/ou transgénérationnel. Si cette introspection a déjà été faite, il est peut-être temps maintenant de lâcher prise et de profiter de la vie dans sa simplicité (reportez-vous à la facette *épicurienne*). Inspirez-vous également de certaines propositions du tableau « Apaisez votre archétype *critique intérieur* ».

MANDALA DE L'ARCHÉTYPE *CRITIQUE INTÉRIEUR*

Pour le télécharger en grand format, rendez-vous page 2.

Rituel d'intégration

Pour terminer l'étude de l'archétype, je vous propose une cérémonie sacrée pour entrer en relation symbolique et énergétique avec votre archétype *critique intérieur.*

Préparation en amont

1. Accordez-vous 30 minutes.
2. Organisez-vous pour ne pas être dérangé.
3. Choisirez un endroit harmonieux.
4. À côté de vous, placez une soucoupe avec de l'eau pure qui représentera l'élément EAU.

Rituel : en vous reliant à l'énergie de votre archétype *critique intérieur,* coloriez le mandala ci-contre avec uniquement les couleurs ROUGE et NOIR (+ blanc). Laissez votre intuition vous guider dans ce travail et accueillez avec bienveillance l'expression symbolique de cette facette intérieure.

Évolution d'intégration : si vous considérez que cet archétype mérite un travail d'harmonisation dans votre vie, refaites régulièrement ce rituel pour voir l'évolution du mandala *critique intérieur* et ressentir la qualité de votre relation avec cette force archétypale.

AIDE FLORALE (fleur de Bach)

Pine **– Pin sylvestre**

Pour apprivoiser cette sensibilité à l'autocritique et mieux accepter vos imperfections et celles des autres : 4 gouttes sous la langue, 4 fois par jour minimum, durant 3 semaines ou lors des périodes très agissantes de votre *critique intérieur*.

LA PERSONNALITÉ *TYPE ÉPICURIEN*

L'intelligence sociale

« Le cri de la chair : ne pas avoir faim,
ne pas avoir soif, ne pas avoir froid.
Celui qui a ces choses peut rivaliser avec Zeus. »
Épicure

Force naturelle et symbolisme

Cet archétype peut également être nommé le *leader social*, l'*explorateur* ou encore l'*optimiste*. J'en parlerai ici en terme commun d'épicurien, pour sa force de jouissance, bien que les préceptes d'Épicure (341-270 av. J.-C.) évoquent plutôt la notion de renoncement et de modération : pour vivre pleinement l'instant présent, il faut apprendre à se suffire de peu. Aujourd'hui, l'*épicurien* est défini comme un jouisseur enthousiaste, se souciant peu de son passé et de son avenir. Cette confiance lui donne un pouvoir social qui fera souvent de lui un leader.

Cette force naturelle correspond à la période qui marque la fin de la traversée dans la phase dépressive de l'automne. L'analogie avec le cycle végétal nous éclaire sur ce qui anime cet archétype tourné vers la renaissance : la fleur de l'arbre éclôt (facette *affective*), puis se fane (facette *critique intérieur*), et enfin le jeune fruit apparaît, donnant à l'arbre le sens de son existence (facette épicurienne). Chez l'homme, cela correspond à l'étape où l'on trouve un sens à notre vie, notre confiance se renforce et nos peurs diminuent. Imaginez traverser un long tunnel angoissant, perdu et sans espoir de trouver un chemin vers la lumière (archétype du *critique intérieur*). Puis vous apercevez une lueur au bout de ce tunnel. C'est la sortie et la fin de vos angoisses. Ne seriez-vous pas envahi d'optimisme et de joie de vivre ? En sortant, regarderiez-vous en arrière, vos souffrances passées ? Non, vous voulez profiter de chaque instant de cette nouvelle vie ! Voici le trait de personnalité et la force naturelle de l'*épicurien*.

Psychologie, besoins et compétences

Chacun de nous connaît des personnes marquées par cette force de jovialité et de pouvoir social. Leur capacité à remplir l'espace leur permet de s'intégrer à tout type de groupe : la convivialité est donc facilitée. On reconnaît un *épicurien* à sa confiance ou à son toupet, à son volume sonore et à sa capacité à créer une ambiance chaleureuse ou, à l'inverse, une atmosphère de domination.

Les leaders sociaux trouvent un projet qu'ils auront à cœur de partager et ils l'imposeront souvent dans une sorte d'**enthousiasme**

idéologique. Doués pour les sciences politiques, les affaires publiques ou religieuses, ils savent critiquer avec gravité et moralité mais d'une manière paternelle, beaucoup moins blessante qu'une personne au trait de caractère *critique* dominant, plus froid et « piquant ». Colérique mais avec un certain contrôle, l'épicurien pardonne les offenses et souvent, n'en garde même pas le souvenir. Loin d'être rancunier, il apprécie et respecte ceux qui osent un peu se confronter à lui ! Le pouvoir que lui confère ce trait de personnalité lui permet d'accéder à de hautes fonctions sociales, mais ce qu'il pourra imposer aux autres ne sera pas valable pour lui, car il demeurera dans une dynamique d'abondance.

Il existe une multitude de manifestations de ce trait de personnalité et on peut aussi rencontrer un joyeux *épicurien* dans un bar sans aucun pouvoir personnel. On observera toutefois certaines caractéristiques fondamentales : l'aisance sociale et la faculté à ne s'inquiéter de rien. Des psychanalystes associent cet hédonisme à une mémoire de satiété, vécue nourrisson.

Les *épicuriens* ont une grande sensibilité à l'esprit de famille. Ils sont généreux, chérissent leurs enfants et sont très protecteurs. Ainsi le profil légendaire du père Noël correspond parfaitement à cet archétype. Cette personnalité, dans sa fonction noble et évoluée, désire les richesses non pour les accumuler, mais pour le bien commun.

La vie semble facile pour un épicurien. Mais il ne faut pas réduire cet archétype à un principe d'immaturité où les passions l'emporteraient. Sa prestance et sa confiance l'exposent simplement à un style de vie qui se veut sans limites. Ainsi, on ne trouve pas ce trait de personnalité uniquement chez les chefs d'entreprise, les leaders sociaux ou le bon vivant, mais également chez les individus épris de liberté, de voyages et de découverte : chez ceux qui aspirent à « kiffer » la vie !

Lorsqu'il a trouvé un sens à sa vie, l'*épicurien* a besoin de fédérer et d'emmener dans son idéologie le plus de personnes possible. La force archétypale du *responsable* lui permettra de concrétiser ses élans.

Mais l'individu au trait de personnalité *épicurienne* dominante se confrontera, tôt ou tard, à des limites sociétales ou aux lois de la nature.

Difficultés psychologiques

Si la compétence sociale et l'enthousiasme inné de l'*épicurien* ne trouvent pas de sens idéologique, celui-ci peut alors se disperser dans de multiples activités de jouissance et de divertissements. Étymologiquement, le mot *divertissement* signifie « sortir de la voie » et lorsqu'il n'a pas trouvé sa voie ou qu'il l'a perdue, l'*enthousiasme* (« avoir Dieu en soi ») inné de la personnalité *épicurienne* devient un masque qui compense le non-sens existentiel. Ainsi, son bonheur nécessite de chercher et trouver cette voie puis de la garder, pour ne pas sombrer dans les méandres du paraître et de l'ennui.

Ne pas avoir une claire conscience de ses limites ou des lois de la vie est une autre de ses difficultés, dans le domaine de l'alimentation notamment. L'*épicurien* souffre facilement d'une alimentation trop riche, souvent accompagnée de spiritueux et avec l'âge, la surcharge graisseuse devient souvent prédominante. Il continuera néanmoins fièrement d'affirmer qu'il n'y a pas de mal à se faire du bien et, un beau jour, il deviendra peut-être diabétique, fera une crise de foie ou une poussée d'hypertension. Comme tous les « sanguins », il est aussi menacé de troubles cardiaques et d'apoplexie. Croyez-vous qu'il y pense ? Il ne doute de rien, ni de sa force ni de sa santé.

Lorsqu'il atteint une situation sociale d'envergure, sa soif d'étendre son pouvoir peut devenir machiavélique, la fin justifiant alors tous les moyens ! Ce pouvoir, il le prend sans se poser de questions et parfois sans moralité. Dans sa polarité négative, il assène ses vérités avec un comportement dédaigneux et colérique, face à ceux qui s'opposent à ses idées. Si vous défendez vos opinions, il vous contredira simplement pour défendre son idéologie et garder son pouvoir personnel ; c'est *l'art d'avoir toujours raison* propre aux acteurs du monde politique. Les personnes qui l'entourent se retrouvent alors sous son influence, manipulables.

Comme celui de l'*artiste* ou du *solaire*, ce comportement archétypal s'oppose à l'introspection et au renoncement. « Qu'est-ce que l'optimisme ? disait Cacambo. Hélas ! dit Candide, c'est la rage de soutenir que tout est bien quand on est mal » (*Candide*, de Voltaire). Ainsi, il sera toujours difficile pour ce trait de personnalité de se remettre en question, d'affronter certaines vérités, d'accepter de vieillir ou de se défaire du pouvoir. Face aux questions existentielles et à la mort, il repoussera la confrontation jusqu'au dernier moment. Peut-être finalement est-ce la meilleure manière de vivre sa vie ?

Quoi qu'il en soit, au moment du grand bilan de fin de vie, les épicuriens souffrent souvent de fortes angoisses, contrairement aux individus marqués par des forces spirituelles et d'introspection plus importantes (comme l'*idéaliste* et le *critique intérieur*).

Pour résumer le défi principal de l'*épicurien*, nous pouvons faire référence au conte de La Fontaine, *La Cigale et la Fourmi*. Comment l'individu au trait de personnalité épicurien dominant pourra-t-il intégrer la discipline nécessaire à une vie pleine de « bon sens » ?

L'exemple de Catherine

Je vis avec un épicurien depuis plus de vingt-six ans. Les premières années de notre relation ont été très compliquées jusqu'à ce que je comprenne ses besoins et son fonctionnement. Mon mari est très généreux, il aime faire plaisir sans limite. Il fait tout pour mettre sa famille en sécurité et que nous vivions dans l'abondance.
Chef d'une entreprise de confection de catamarans, il ne compte pas ses heures, il manage ses équipes avec convivialité et autorité. Pour lui, une année sans croissance n'est pas envisageable et il fait tout pour lancer de nouveaux projets. Il part tôt le matin et rentre très tard le soir et nous souffrons, les enfants et moi, de son absence au foyer. De plus, sa vie sociale et amicale est très riche.
Mon mari profite des plaisirs de la vie sans jamais se les refuser. Bien que soucieux de partager des moments familiaux avec nous, les week-ends et parfois même en semaine, il s'absente pour des soirées plus ou moins arrosées avec ses amis. Il me sollicite

beaucoup pour que nous organisions des fêtes à notre domicile. Il me dit avoir besoin de cette convivialité pour décompresser du travail. Mais sa santé est souvent mise de côté, c'est un domaine qui lui fait profondément peur. Je le force à réaliser un bilan sanguin une fois par an, et celui-ci n'est jamais très bon. La panique s'installe une à deux semaines avec de nouvelles résolutions ; sport, régime, plus d'alcool et moins de soirées festives mais malheureusement, les tentations reprennent le dessus. Il justifie toujours son retour en arrière par des phrases de type : « Oh écoute, on n'a qu'une vie ! »
Malgré les hauts et des bas, nous avons trouvé un équilibre entre notre vie de couple et sa vie professionnelle et sociale. Ma plus grande frustration est le manque de partage et de profondeur sentimental, il n'a jamais été doué pour cela.

L'archétype ou le trait de personnalité complémentaire

Développer la facette *responsable* ou *perfectionniste* permet de contrebalancer les éventuels « excès » de la force *épicurienne*. La première aide à se limiter en toute chose et mieux accepter le repli sur soi, et l'autre à mieux prendre soin de sa santé. Dans une relation, deux esprits *aventuriers* peuvent former un duo de vie exemplaire, mais attention aux exigences du quotidien !

Reconnaître la personnalité type *épicurien*

Le comportement

Vous la reconnaîtrez à son pouvoir personnel, à son aisance sociale et à son ouverture au monde. Elle sera le boute-en-train de la soirée, et à ses côtés, vous perdrez un peu confiance en vous. Vos énergies seront soumises aux siennes car elle ne manquera pas de vous contredire si elle en a envie. Soyez certain qu'une personne épicurienne a le sens du clan et de l'entraide. Si vous avez des difficultés financières, elle sortira son chéquier pour vous aider. Enfin, souvenez-vous que l'on trouve cette force *épicurienne* sous une forme édulcorée chez tous les explorateurs, les passionnés de voyage et de sports extrêmes !

L'attitude

La démarche est lourde et solennelle, elle impose le respect. Le regard est droit et ouvert, reflet de sa confiance et de son optimisme. Toutefois, chez l'épicurien explorateur ou passionné d'aventure, la morphologie sera bien différente, plus associée à celle de l'archétype du *guerrier*.

Intuitivement, notez de 1 à 10 l'importance de ce trait de personnalité chez vous.

1	2	3	4	5	6	7	8	9	10

Que faire si cet archétype de la personnalité semble trop dominant chez vous ?

Malheureusement, il sera difficile pour une personnalité *épicurienne* de s'en inquiéter ou de trouver un quelconque inconvénient à son enthousiasme et à son ouverture sociale.

Les signes qui ne trompent pas : entourez les points qui vous concernent.

- Je ne change pas d'avis quand je débats.
- J'ai du mal à me discipliner et à me limiter.
- Je n'aime pas être seul, je participe souvent à des soirées festives.
- J'évite les sujets de conversations dramatiques ou alarmistes.
- Je ne suis pas à l'aise dans l'intimité des sentiments.
- J'ai de l'embonpoint.
- Je ne vais chez le médecin qu'en extrême urgence.
- Je cherche sans cesse à étendre mon pouvoir dans ma vie professionnelle.
- Je ne me fais aucun souci sur mon avenir ni sur celui du monde.

APAISEZ VOTRE ARCHÉTYPE *ÉPICURIEN*	
Ce que je peux faire : choisissez au moins 3 actions ou attitudes à mettre en place parmi les 12 suivantes.	
J'essaie de prendre soin de ma santé au quotidien (je consulte par exemple un nutritionniste).	
Je prends en compte ce que les autres me disent et j'accepte de changer d'opinion.	
Je limite mes soirées festives.	
Je m'entoure de personnes introverties.	
Je participe à des stages de développement personnel.	
J'essaie de passer du temps seul.	
Je lis des ouvrages sur l'existence de la vie après la mort.	
J'exprime ma vulnérabilité, c'est-à-dire mes sentiments et émotions.	
Je pratique des activités physiques et sportives régulièrement.	
Je trie mes désirs essentiels et ceux plus secondaires.	
Je cherche des projets de vie plus éthiques et associatifs.	
J'essaie d'avoir un lieu de vie stable.	

Quelles activités professionnelles pour l'*épicurien* ?

Avec ses compétences sociales, il peut travailler dans une multitude d'activités : le coaching, le management, l'entrepreneuriat, les fonctions de pouvoir comme avocat ou politicien, les métiers liés aux voyages, à l'aviation, à la restauration, l'organisation de festival ou de congrès, le métier de forain et tous ceux qui nécessitent de longs déplacements, des voyages à l'étranger, etc.

Comment se comporter avec une personnalité type *épicurien* ?

À faire

- Lui montrer que vous aussi savez profiter de la vie !
- Garder votre propre pouvoir, ne pas trop vous soumettre.
- Vous laisser guider si son élan ou son idée vous paraît intéressant.
- L'aider à limiter ses excès, surtout chez l'enfant et l'adolescent.
- Parler de vos sentiments même si ce n'est pas sa tasse de thé !
- Lui faire des surprises, comme organiser une soirée entre amis dans un restaurant.
- Lui conseiller de consulter un médecin pour un bilan de santé.

À ne pas faire

- Attendre d'elle qu'elle se remette facilement en question.
- La laisser tout décider ou acquiescer à tout ce qu'elle dit.
- La sédentariser ou l'empêcher de voir ses amis.
- Projeter vos peurs ou inquiétudes sur elle.
- Lui imposer des régimes rigoureux.
- La suivre dans toutes ses soirées festives.
- Lui parler de vos souffrances, présentes ou passées.
- S'engager en amour avec elle si vous êtes de nature sentimentale.

Les personnalités *épicuriennes* célèbres

Honoré de Balzac, Auguste Rodin, Raimu, Bernard Blier, Gérard Depardieu, Michael Clarke Duncan, Pablo Escobar, Luciano Pavarotti, Coluche, Carlos, Winston Churchill, Dominique Strauss-Kahn, Bernard Tapie, Donald Trump, Paul Bocuse, Philippe Etchebest, Mike Horn, Patrice Franceschi, Éric Tabarly, Maria Callas, Muriel Robin, Marianne James, Anita Conti, Florence Arthaud, Laurence de La Ferrière, etc.

Que faire si cet archétype de la personnalité semble insuffisant chez vous ?

Les signes qui ne trompent pas : entourez les points qui vous concernent.

- Je n'apprécie pas les soirées festives.
- Je vois le verre à moitié vide plutôt qu'à moitié plein.
- Je me mets en retrait dans les conversations.
- Je me fais du souci pour tout.
- Je suis très sédentaire, je n'aime pas voyager.
- Je suis très sobre et je ne fais pas d'excès.
- Je suis très préoccupé par le regard des autres.
- Je ne me sens investi d'aucune « mission de vie ».
- Je change d'avis comme de chemise.

DYNAMISEZ VOTRE ARCHÉTYPE *ÉPICURIEN*	
Ce que je peux faire : *choisissez au moins 3 actions ou attitudes à mettre en place parmi les 12 suivantes.*	
J'organise des soirées entre amis.	
Je m'inscris à une association afin de développer ma sociabilité.	
Je m'autorise des écarts alimentaires, je me fais plaisir.	
Je fréquente des personnalités *épicuriennes* pour m'inspirer de leur optimisme et de leur capacité à profiter de l'instant.	
Je consulte un coach de vie pour développer mes projets professionnels.	
J'organise un voyage avec des amis. Pourquoi pas en van ?	
J'évite les sujets de conversation dramatiques et ne regarde plus les informations pendant quelque temps.	
Je pratique un sport de pleine nature.	
Je m'engage dans une psychothérapie si j'ai la sensation que ma vitalité et ma capacité à jouir de la vie sont perturbées par mon passé.	
Je fais une liste des choses que je rêve de faire. Je m'engage à en réaliser une par période régulière.	
Je participe à un stage de clown.	
Si je ne me sens pas à ma place dans mon lieu de vie ou ma région, je prends la décision de changer de logement, de contrée, voire de pays.	

Avez-vous des traits de personnalité type *épicurien* ?

Dans le tableau suivant, répondez le plus naturellement possible par « Plutôt VRAI » ou « Plutôt FAUX » et totalisez vos réponses. Plus le nombre de « Plutôt VRAI » est important, plus l'archétype est dominant dans votre vie. Pour affiner ce questionnaire, faites-le remplir également par un proche et discutez-en ensuite ensemble !

L'ARCHÉTYPE *ÉPICURIEN*	Plutôt VRAI	Plutôt FAUX
J'ai peu d'intérêt pour le passé et j'ai totalement confiance en l'avenir.		
J'ai (ou j'ai eu) une fonction importante dans ma vie professionnelle.		
Je suis très à l'aise en société et j'aime les soirées festives.		
Je suis très protecteur à l'égard de ma famille et/ou de mes proches.		
Au restaurant, c'est apéritif, entrée, plat, dessert et une bonne bouteille de vin !		
Je ne consulte le médecin que dans l'urgence.		
Je voyage souvent pour affaires ou pour ma vie personnelle.		
Quand on m'annonce une mauvaise nouvelle, j'ai tendance à dire que ça va s'arranger.		
Je ne me laisse impressionner par personne.		
J'ai toujours une multitude de projets.		
J'ai énormément besoin de liberté.		
Je n'envisage pas de consulter un psychologue.		
TOTAUX		

Résultats

De 0 à 3 (Plutôt VRAI) : votre facette *épicurienne* semble peu présente dans votre vie ou sous l'influence d'un autre archétype dominant aux fonctions opposées (souvent l'archétype du *critique intérieur,* du *perfectionniste* ou du *responsable*). Questionnez-vous sur votre compréhension de cette facette de votre identité, qui permet de jouir pleinement de la vie et de prendre votre place dans la société. Inspirez-vous de certaines propositions du tableau « Dynamisez votre archétype *épicurien* ».

De 4 à 8 : votre *moi-épicurien* semble équilibré et vous savez vous affirmer, vivre en société et profiter de la vie, sans excès !

De 9 à 12 : vous possédez un trait de caractère *épicurien* marqué qui vous permet de partager avec le plus grand nombre vos idéaux, votre bonne humeur et votre convivialité. Vous êtes un leader, un jouisseur. Cependant, ce trait de personnalité peut limiter l'expression d'autres facettes de votre identité, plus introspectives ou sentimentales. Inspirez-vous de certaines propositions du tableau « Apaisez votre archétype *épicurien* ».

MANDALA DE L'ARCHÉTYPE *ÉPICURIEN*

Pour le télécharger en grand format, rendez-vous page 2.

Rituel d'intégration

Pour terminer cette étude de l'archétype, je vous propose une cérémonie sacrée qui vous permettra d'entrer en relation de manière symbolique et énergétique avec votre archétype *épicurien*.

Préparation en amont

1. Accordez-vous 30 minutes.
2. Organisez-vous pour ne pas être dérangé.
3. Choisissez un endroit harmonieux.
4. À côté de vous, placez une soucoupe avec une bougie allumée qui représentera l'élément FEU.

Rituel : reliez-vous à l'énergie de votre archétype *épicurien*, coloriez le mandala ci-contre **avec les couleurs de votre choix.** Laissez votre intuition vous guider dans ce travail et accueillez avec bienveillance l'expression symbolique de cette facette intérieure.

Évolution d'intégration : si cet archétype mérite un travail d'harmonisation dans votre vie, refaites régulièrement ce rituel pour voir l'évolution de votre mandala *épicurien*.

AIDE FLORALE (fleur de Bach)

Vine – Vigne

Pour apprivoiser cette fougue sociale, vous aider à mieux coopérer avec les autres et jouir de la vie avec une certaine tempérance : 4 gouttes sous la langue, 2 fois par jour minimum, durant 3 semaines ou lors des périodes très agissantes de votre facette *épicurienne*.

LA PERSONNALITÉ
TYPE RESPONSABLE

L'intelligence rationnelle et pragmatique

« Il est l'image archétypale du vieil homme sage,
du lapis en tant que roc solide [...] et il est le monde
comme constructeur des cités. »

James Hillman, *La Beauté de Psyché. L'âme et ses symboles*[6]

Force naturelle et symbolisme

Ici les forces terrestres sont les plus marquantes. C'est l'**hiver** qui force la nature au repos, à l'hibernation, au détachement et à la concentration des forces. La maturation commence. À l'image de la nature dépouillée, silencieuse et austère, les individus marqués par cette force archétypale apparaissent parfois rustres et distants. Dans le cycle végétal, après l'apparition du fruit (force archétypale de l'*épicurien*), il se concentre et murit.

---

6. Éditions Le Jour, 1994.

Psychologie, besoins et compétences

L'archétype du *responsable* représente la notion de limite, de cadre et de rigueur. On pourrait aussi l'appeler le *patriarche*, l'*architecte* ou le *solitaire*, eu égard à sa capacité à se concentrer sur une tâche et à se détacher des influences sociétales. À l'image de la colonne vertébrale, il est la structure première, la force capable de supporter les tâches les plus rudes. Nous voyons ainsi en cette énergie le principe de l'ancrage, du soutien et des limites nécessaires en toute chose. Cette facette est également perçue comme une frontière entre la peau de notre organisme et l'environnement.

L'archétype du *responsable* représente **la maturité**, c'est-à-dire la raison, la discipline et le renoncement, que souvent nous imposent le temps et l'expérience. Cette sagesse nous permet de laisser de côté ce qui est superficiel, afin de nous dévouer à une cause. S'appartenir est aussi une des fonctions psychiques de ce tempérament qui, par le retrait et la solitude, tente de consolider son identité avant de pouvoir trouver sa vocation. Ce trait de personnalité nous pousse à suivre notre loi interne en nous émancipant des excitations et des influences.

Ce retrait provoque parfois des vies en totale contradiction avec le monde moderne, ainsi que l'illustre la quête identitaire du jeune héros dans le film *Into the Wild*. Cette capacité d'individualisation et d'autonomie est indispensable à tout système vivant. Selon les tests psychologiques de Rorschach, le développement psychosocial des physiciens et des biologistes est caractérisé par la solitude et une vie sociale restreinte.

La basse sensibilité nerveuse de l'archétype *responsable* permet la concentration qui consiste à rechercher, parmi les signaux sonores, verbaux, visuels, etc., les seuls capables de conduire à une satisfaction profonde. La froideur qui se dégage de ce tempérament autonome et pragmatique vient donc de son imperméabilité à son environnement. Ce tempérament sait garder son sang-froid, au-delà des intérêts immédiats. Il est ainsi bâti pour une réussite durable et saura probablement s'imposer dans toute situation.

La notion de temps est inséparable de celle de limite : *chronométrer* un événement signifie « délimiter son début et sa fin ». La facette *responsable* représente cette dynamique à organiser le temps et à gérer les impératifs. L'élément terre associé à cet archétype pousse l'individu au respect et à la vigilance du temps qui passe.

L'archétype du *responsable* est donc une invitation à travailler notre terre intérieure.

Les qualités d'ancrage, de discipline et de maturité sont mises à mal de nos jours. La recherche de jeunesse éternelle, de croissance et de jouissance à tout prix étant considérée comme la normalité, la lenteur, la solitude et le renoncement sont dès lors synonymes de dépression ou de mal-être social. L'humanité se coupe ainsi progressivement de cette énergie universelle dont les jeunes générations ont pourtant besoin pour s'ancrer et accéder à l'autonomie. C'est grâce à cette force archétypale, qui incite à bâtir une solide charpente intérieure, que nous pourrons assumer avec responsabilité certaines exigences de l'existence et exprimer notre créativité.

Difficultés psychologiques

Cette force archétypale, comme l'hiver, est étrangère à l'impulsion vitale, aux passions propres au printemps. Le malaise mélancolique atteint l'individu dominé par cette force, lorsqu'il n'arrive plus à trouver de valeur ou de saveur à la vie.

Dans une autre mesure, le trait de personnalité *responsable* produit parfois l'enfermement dans une zone de confort, de peurs, un besoin de contrôle, ou parfois même de l'avarice, poussant à vivre dans le souci permanent d'économiser, comme dans le film *L'Avare*, avec Louis de Funès ! Cette facette a pour fonction de mettre à distance les émotions. Cette psychorigidité est parfois la conséquence d'une dynamique de survie, d'un trop-plein de souffrance dans l'enfance qui crée alors une cuirasse psychocorporelle et un enfermement dans un quotidien morose. Je vous invite à ce titre à visionner le film *Adieu les cons*, dans lequel Albert Dupontel incarne en partie cet aspect de la personnalité.

L'individu devenu rigide est souvent agi par « des passés qui ne sont pas passés ». Le pragmatisme et les idées conservatrices de ce tempérament peuvent l'empêcher de s'ouvrir à de nouveaux horizons. L'amour, l'originalité et la spiritualité lui manquent parfois cruellement. Fier de sa tête bien construite (« il a du plomb dans la tête »), il s'installe dans sa temporalité, ses croyances et ses structures physiques rigidifiées. Dans son pragmatisme mental, il se coupe du renouveau. Sans capacité d'émerveillement et insensible aux excitations extérieures, cette facette de l'identité provoque un état mélancolique ou dépressif chronique.

En consultation, de nombreuses demandes (cervicalgies, lombalgies, raideurs diverses, etc.) concernent des personnes dont la constitution *responsable* prédomine. Ce qui leur est commun, en dehors de tout traumatisme physique, c'est un excès de rigueur et, surtout, de trop lourdes responsabilités. Au niveau de mes pratiques en ostéopathie, décomprimer la base du crâne, dont dépend toute la colonne vertébrale, sera privilégié, mais pas toujours suffisant si la personne n'entreprend pas de s'alléger de certaines responsabilités excessives. À noter que la clé de cette décompression se situe au niveau de la première cervicale appelée « atlas », le dieu qui porte le monde !

L'exemple de Didier

Didier, 47 ans, est notaire depuis plus de vingt ans. Il consulte pour des maux de dos chroniques et une grande fatigue. Ses journées lui laissent peu d'espace pour prendre soin de lui. Il a quatre enfants, travaille théoriquement de 8 heures à 20 heures, mais en réalité il ne compte pas ses heures. À cela s'ajoutent les obligations familiales et la présidence, depuis deux ans, d'une association. Ces responsabilités donnent du sens à son existence et il en est fier. Toutefois, si jusqu'à présent il arrivait à tenir ce rythme effréné, son physique commence à tirer la sonnette d'alarme. Sa vie de couple est elle aussi perturbée, notamment depuis qu'il voyage à l'étranger pour l'association. Son épouse lui a même posé un ultimatum. En résumé, pris dans la tourmente de son quotidien et de ses responsabilités, son stress ne fait que s'amplifier.

Didier sait qu'il doit prendre des décisions mais il culpabilise à l'idée de moins s'investir dans son travail et dans l'association, tant ils sont nombreux à compter sur lui. Quelques mois plus tard, Didier décide d'engager un nouveau collaborateur et ainsi assouplir ses horaires de bureau. Il promet à sa femme que ces temps récupérés seront consacrés à la famille et à des sorties de couple. Didier parvient même à se décharger de quelques missions au sein de son association. La compréhension de ses traits de personnalité, et notamment l'inflation de sa facette responsable, *lui a permis de réaliser les enjeux en question, tant au niveau de sa santé que de sa vie familiale.*

L'archétype ou le trait de personnalité complémentaire

En développant l'archétype *maternel,* il est possible de trouver une alternative entre rigueur ou rationalité et d'accéder à la sensibilité émotionnelle nécessaire pour se relier aux autres et prendre soin de soi. Le trait de personnalité *épicurien* permet, quant à lui, de sortir du besoin de contrôle et de sécurité.

Reconnaître la personnalité type *responsable*

Le comportement

La maturité et la rigueur qui prédominent chez la personnalité *responsable* se perçoivent dès la rencontre. Si vous êtes de nature affective et émotionnelle, vous aurez du mal à communiquer avec une telle personne. En amitié, il faudra du temps pour que « sa cuirasse » se dégèle. Si vous rencontrez une personnalité type *responsable* dans vos démarches administratives ou médicales, n'espérez pas créer de lien chaleureux ; en revanche, vous pourrez compter sur son professionnalisme.

L'attitude

Les gestes sont calmes et lents, tout est peu démonstratif chez l'individu type *responsable*. En apparence, tout semble sous contrôle, mais c'est un nerveux qui a appris à contenir ses émotions. Le regard, souvent orienté vers le sol, est sans éclat, mais cela dépendra finalement du « niveau de conscience » de l'individu. L'ensemble donne une impression de droiture et de froideur, mais aussi de stabilité et de sagesse.

Intuitivement, notez de 1 à 10 l'importance de ce trait de personnalité chez vous.

1	2	3	4	5	6	7	8	9	10

Que faire si cet archétype de la personnalité semble trop dominant chez vous ?

Les signes qui ne trompent pas : entourez les points qui vous concernent.

- Je suis très sédentaire.
- J'ai horreur de l'insécurité financière.
- J'ai très peu de temps pour profiter de la vie et m'occuper de moi.
- J'ai (ou j'ai eu) la responsabilité de beaucoup de personnes (professionnelle et familiale).
- Je ne pleure jamais et je n'aime pas m'épancher sur mes sentiments.
- J'ai une tension continue au niveau des cervicales ou au bas du dos.
- Je veux tout contrôler ou organiser, je n'aime pas les imprévus.

APAISEZ VOTRE ARCHÉTYPE *RESPONSABLE*	
Au vu de nos différentes contraintes du quotidien ou de l'impact du temps sur notre corps, ce besoin d'apaiser en nous cette force archétypale est le défi d'une majorité d'adultes et de personnes âgées.	
Ce que je peux faire : choisissez au moins 3 actions ou attitudes à mettre en place parmi les 12 suivantes.	
J'exprime plus mes sentiments et émotions.	
Je m'offre des séances de massage ou de relaxation (sophrologie, etc.).	

Je fais une psychothérapie pour dénouer ma « cuirasse émotionnelle » et comprendre comment elle s'est construite.	
Je me défais des responsabilités qui ne sont pas les miennes et je favorise l'autonomie de ceux dont j'ai la charge.	
Je sors de ma zone de confort en faisant des activités nouvelles.	
Je voyage et je découvre de nouveaux horizons.	
Je propose des soirées jeux pour me détendre et favoriser des ambiances festives.	
Je consulte un ostéopathe pour décomprimer ma colonne vertébrale et travailler sur d'éventuelles lésions ostéo-articulaires (essentiel pour les personnes ayant vécu des accidents type « coup du lapin » !).	
Je participe à des stages de yoga, massage, tantra, etc.	
Je m'inscris à des activités type théâtre d'improvisation.	
Je m'intéresse aux expériences de mort imminente.	
J'organise une randonnée en montagne avec le moins de contraintes possible.	

Quelles activités professionnelles pour l'archétype *responsable* ?

On retrouve cette compétence dans les métiers des lois, de la politique, chez les archéologues, architectes, banquiers, médecins, dentistes, psychiatres, ostéopathes, comptables, avocats, toutes les activités de gestion du patrimoine, les scientifiques et ainsi tous les métiers qui demandent de la rigueur, de la discipline et conduisent à de hautes responsabilités.

Comment se comporter avec une personnalité type *responsable* ?

À faire

- Respecter les usages et les formes.
- La rassurer et la sécuriser.
- C'est un roc qui a besoin de se sentir soutenu. Alléger le poids de ses responsabilités.
- Ne pas s'attendre à des conversations sentimentales, les provoquer un peu, quand c'est possible.
- L'aider à sortir de sa zone de confort.
- Lui exposer les faits rationnels.
- Garder son sérieux dans la conversation pour être sur sa longueur d'onde.
- Parler spiritualité pour la sortir de sa vision pragmatique et rationnelle du monde.
- L'aider à se détendre avec des activités de loisirs.
- Lui montrer qu'il est bon de remettre en question les informations des médias « mainstream ».

À ne pas faire

- Se délester de ses responsabilités sur elle.
- Organiser des surprises type grosse fête d'anniversaire !
- Lui parler de vos peurs ou l'inquiéter à propos de l'avenir.
- Être instable en amour avec elle.

- S'engager en amour avec elle si vous êtes une personne très sentimentale et tactile, sauf si vous avez plus plus besoin de sécurité que de sentiments.
- Ne pas tenir parole.
- Être en retard à un rendez-vous avec elle.
- Lui faire faux bond.

Les personnalités type *responsables* célèbres

Arthur Schopenhauer, Louis Pasteur, Joseph Staline, Sigmund Freud, Margaret Thatcher, Élisabeth Borne, Stromae, David Bowie, Louis de Funès, Sean Connery, Clint Eastwood, Christopher Lee, Maggie Smith, Carrie Anne Moss, Michel Siffre, Tiziano Terzani, etc.

Que faire si cet archétype de la personnalité semble insuffisant chez vous ?

À noter

Cette force de maturité et de concentration est peu présente avant un certain âge. De plus, on constate que la nouvelle génération (les jeunes nés à partir des années 2000) a une difficulté particulière à intégrer cette facette : l'archétype *original* qui suit en explique certaines raisons.

Les signes qui ne trompent pas : entourez les points qui vous concernent

- J'ai du mal à faire une seule chose à la fois.
- Je n'aime pas la discipline et l'autorité.
- Je ne respecte pas le cadre qui m'est imposé.
- J'ai parfois la sensation de ne pas habiter mon corps.
- J'ai horreur de la routine.
- Je ne suis pas à jour de mes obligations administratives.
- Mon lieu de vie est en désordre.
- J'ai des addictions (alcool, drogue, jeux vidéo, portable, etc.).
- Ma vie amoureuse est instable.
- Je n'aime pas les militaires et les forces de l'ordre.
- Je m'oppose aux valeurs traditionnelles.
- Je ne suis pas économe, je vis au jour le jour, sans réserve financière.

DYNAMISEZ VOTRE ARCHÉTYPE *RESPONSABLE*	
Ce que je peux faire : choisissez au moins 3 actions ou attitudes à mettre en place parmi les 12 suivantes.	
Je mets à jour mes papiers administratifs.	
Pour les enfants et adolescents : je pratique des activités physiques avec une notion de cadre et de discipline (règles du jeu, arbitre, respect des joueurs, horaires d'entraînement, etc.).	
J'établis un planning de tâches pour la journée et la semaine.	
Je diminue mes comportements addictifs.	
Je m'organise pour être parfaitement à l'heure, voire en avance à mes rendez-vous.	
Je fais un grand nettoyage de mon lieu de vie.	
Quand je m'engage pour un travail, un rendez-vous ou une soirée, je m'y tiens même si je n'en ai plus envie.	
Je me stabilise dans mon activité professionnelle.	
J'apprends à respirer et me calmer lorsque j'ai de fortes émotions.	
Si possible je passe du temps avec mes grands-parents.	
En amour, je prends le temps de la raison pour éviter les aventures « toxiques » ou sans lendemain. (Voir mon livre *Les 7 secrets de l'attraction amoureuse*, éditions Marabout.)	
Je m'entoure de personnes plus matures ou plus responsables que moi.	
Je m'exerce à la méditation.	
Je prends des responsabilités auprès de mes proches ou je propose mes services à ceux qui en ont besoin.	

Avez-vous des traits de personnalité type *responsable* ?

Dans le tableau suivant, répondez le plus naturellement possible par « Plutôt VRAI » ou « Plutôt FAUX » et totalisez vos réponses. Plus le nombre de « Plutôt VRAI » est important, plus l'archétype est dominant dans votre vie. Pour affiner ce questionnaire, faites-le remplir également par un proche qui vous connaît bien et discutez-en ensemble.

L'ARCHÉTYPE *RESPONSABLE*	Plutôt VRAI	Plutôt FAUX
J'ai une faculté à m'occuper des tâches laborieuses du quotidien et souvent, je m'occupe de celles des autres.		
J'aime la solitude et je vis en retrait de la société.		
S'il fait froid chez moi, je mets un pull plutôt que d'augmenter le chauffage.		
Je m'épanche peu sur mes sentiments ou mes émotions, je ne les sens pas vraiment.		
Dans mon intérieur, la décoration est minimaliste et/ou rustique.		
J'ai des valeurs morales et plutôt conservatrices (religion, etc.).		
J'apprécie la sobriété.		
Je pense que dans la vie, il faut faire des efforts et se discipliner.		
L'adage : « Je ne crois que ce que je vois » me convient.		
J'exerce (ou j'ai exercé) un métier où la discipline et la rigueur sont importants.		
Mes grands-parents (ou l'un d'eux) ont eu une influence essentielle (positive ou négative) sur ma petite enfance.		

Je ne suis pas souple, j'ai souvent des raideurs et des douleurs ostéo-articulaires		
TOTAUX		

Résultats

De 0 à 3 (Plutôt VRAI) : votre facette *responsable* semble peu présente dans votre vie ou sous l'influence d'un autre archétype dominant aux fonctions opposées (souvent l'archétype de l'*épicurien*, de l'*idéaliste*, de l'*affectif* ou encore, pour les jeunes générations, de l'*original*). Questionnez-vous sur la compréhension et la relation que vous entretenez avec cette facette de l'identité nécessaire pour construire votre vie et échapper aux pièges des divertissements. Inspirez-vous de certaines propositions du tableau « Dynamisez votre archétype *responsable* ».

De 4 à 8 : votre *moi-responsable* semble équilibré. Vous êtes bien ancré dans votre vie et savez être raisonnable et organisé. Vous n'êtes pas adepte de la discipline et de la rigueur mais vous en êtes capable si nécessaire.

De 9 à 12 : vous êtes « la fourmi » dans la fable de La Fontaine ; travailleuse acharnée et disciplinée, et vous ne comprenez pas les personnes au style de vie « cigale » ou *épicurien*. Vous possédez donc un trait de caractère *responsable* bien marqué qui vous permet d'assumer de hautes responsabilités ou porter ceux qui semblent immatures ou vulnérables. Cependant, le poids de ce qui ne vous appartient pas, la rigueur et la morosité vous empêchent peut-être de jouir de la vie. Inspirez-vous de certaines propositions du tableau « Apaisez votre archétype *responsable* ».

MANDALA DE L'ARCHÉTYPE *RESPONSABLE*

Pour le télécharger en grand format, rendez-vous page 2.

Rituel d'intégration

Pour terminer cette étude, je vous propose une cérémonie sacrée pour entrer en symbolique et énergétique avec votre archétype *responsable*.

Préparation en amont

1. Accordez-vous 30 minutes.
2. Organisez-vous pour ne pas être dérangé.
3. Choisissez un endroit harmonieux.
4. À côté de vous, placez une soucoupe avec de la terre qui représentera l'élément TERRE.

Rituel : en vous reliant à l'énergie de votre archétype *responsable*, coloriez le mandala ci-contre avec uniquement la couleur MARRON (+ blanc). Laissez votre intuition vous guider dans ce travail et accueillez avec bienveillance l'expression symbolique de cette facette intérieure.

Évolution d'intégration : si vous considérez que cet archétype mérite un travail d'harmonisation dans votre vie, refaites régulièrement ce rituel pour voir l'évolution de votre mandala responsable et ressentir la qualité de votre relation avec cette force archétypale.

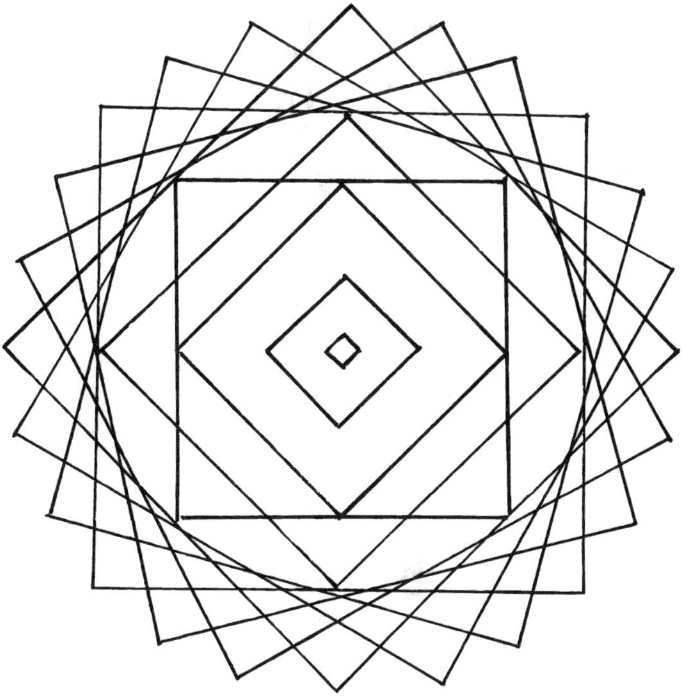

AIDE FLORALE (fleur de Bach)

Cherry Plum **– Prunier Myrobolan**

Pour apprivoiser cette rigueur personnelle, mieux coopérer avec les autres et ressentir vos sentiments : 4 gouttes sous la langue, 2 fois par jour minimum, durant 3 semaines ou lors des périodes très agissantes de votre facette *responsable*.

LA PERSONNALITÉ *TYPE ORIGINAL*

L'intelligence holistique

« Quand un vrai génie paraît dans le monde, on le distingue à cette marque : tous les sots se soulèvent contre lui. »
Élie Fréron

Force naturelle et symbolisme

Cet archétype correspond à la fin de l'hiver, moment où la nature dynamise la graine, auparavant semée. L'esprit féconde la matière. Dans le cycle du végétal, c'est le fruit mûr qui se détache de l'arbre et se donne au monde. Cette force correspond au signe astrologique du Verseau, figure de l'intelligence supérieure, de la victoire de l'esprit sur la matière. Cette énergie nous permet d'associer à la notion de libre-pensée les nouvelles idées vouées à influencer et à changer le quotidien. De fait, le terme de *visionnaire* convient aussi très bien à cette facette de la psyché.

Signe d'air, ce trait de personnalité et son génie créatif sont particulièrement présents chez les jeunes d'aujourd'hui, qui sont confrontés à de grandes difficultés pour comprendre et apprivoiser le « super ordinateur » qu'est leur cerveau.

Psychologie, besoins et compétences

La force archétypale de l'*original* verse au monde des hommes la lumière, par l'intermédiaire d'idées révolutionnaires.

Ce type est peu concentré sur les valeurs terrestres et doit créer de nouvelles raisons d'élargir le dialogue entre lui et le monde extérieur. Il s'agit de repousser les limites de l'humain, de réinventer une autre réalité, plus conforme à un nouvel idéal. D'où son intérêt pour les technologies et les communications nouvelles, le transhumanisme et l'aventure cosmologique du monde moderne.

Cette force archétypale représente la cassure avec la structure concrète du monde d'aujourd'hui et de ses limitations. Elle engendre la libération de l'homme pensant par et pour lui-même. Les normes et la routine l'indisposent. Grande humaniste, la personnalité type *original* cherche l'indépendance tout en étant engagée dans une profonde quête d'évolution. Elle pousse l'humanité à construire une **conscience collective**, grâce aux systèmes de communication actuels, notamment les réseaux sociaux. Il est probable que cet égrégore de conscience permettra de faire face aux nouveaux défis de notre histoire. Il revient à l'*original* de nous sauver des situations d'urgence, de la sclérose morale et sociale. L'initiation à cette conscience collective créatrice s'accompagne d'un rejet de toute autorité conservatrice, éternel conflit entre l'ordre nouveau et l'ancien, jugé obsolète.

Ce trait de personnalité correspond aux personnes autodidactes, tournées vers le futur. Aujourd'hui, une personne marquée par cet archétype a la capacité de se former à toute chose par elle-même, d'innover et de se faire connaître rapidement. Son besoin d'être considéré comme un individu à part entière est très marqué, les parents ou éducateurs devenant de simples tuteurs à son autonomie et son originalité. Les *originaux* ont vocation à heurter le sens commun. La capacité de visions originales est puissante dans leur psychologie, mais leurs idées ne sont pas forcément de nature spirituelle, contrairement à celles de l'*idéaliste*.

La **cocréation**, où chacun apporte sa compétence pour créer quelque chose de plus grand au profit de tous, est également une des vertus de ce tempérament. Les réseaux sociaux en sont l'un des supports incontournables. Flirter avec toutes les technologies et les courants d'idées nouveaux est un besoin profond pour l'*original*.

Difficultés psychologiques

Les moyens de communication actuels permettent de créer une relation élargie avec le monde social. Dans un premier temps, cela donne une sensation d'unité qui annihile toute perception d'isolement. Or la sensation d'intimité relationnelle n'est assurée que dans l'incarnation du moment présent et la réalité des sens. Le tempérament *original* étant très attiré par ces technologies, sa vie relationnelle, affective ou amicale est, de fait, particulièrement exposée à ce défi : comment partager profondément tout en étant séparés ?

Les nouvelles technologies font naître de nouveaux comportements, mais aussi de nouvelles passions et addictions. On peut craindre alors un usage excessif qui s'opposera probablement à leur prédisposition humaniste et innovatrice. Le temps passé à accumuler des informations banales éloigne l'individu d'une véritable culture ou relation et met en sommeil son génie personnel. L'utilisation des jeux vidéo, smartphones ou tablettes se fait au détriment d'activités nécessaires à l'équilibre psycho-émotionnel. Les lumières bleues qui émanent de ces appareils diminuent la sécrétion de sérotonine et perturbent l'horloge biologique. Il s'ensuit des difficultés de régénération que le sommeil avait pour vocation d'activer. Ces pièges-là conduisent à un isolement ainsi qu'à une perte de créativité, qui est pourtant la compétence première de cette force archétypale ! Ce comportement addictif induit de l'apathie et a donc des répercussions sur le travail scolaire ou professionnel, l'équilibre alimentaire, puis enfin l'estime de soi. Ainsi, la personnalité type *original* est prise dans un terrible engrenage. Sa lumière intérieure s'éteint alors peu à peu.

Une des autres difficultés rencontrées par cette personnalité est de se conformer aux obligations, en particulier à accepter l'autorité, d'où des réactions de fuite ou de rébellion envers les personnes référentes. Ainsi, ils perdent parfois le fruit des expériences des générations précédentes et une force de soutien (force archétypale du *responsable*) nécessaire. Le piège est de percevoir toute relation d'autorité ou toute idée préconçue comme un frein à la liberté. Cette difficulté à se limiter et à respecter certains principes éthiques et naturels pousse les *originaux* à la démesure et parfois la folie, par exemple avec le transhumanisme !

Ce type d'intelligence holistique stimule tellement le cerveau que ce dernier, tel un super-ordinateur, est vite submergé par une multitude d'informations intérieures et environnantes. La personnalité *originale* se trouve alors en difficulté pour traiter ces pensées et incapable de concentration. Soulignons qu'elle est la plupart du temps inadaptée au mode éducatif classique. Ces difficultés d'adaptation, liées à des facteurs générationnels, rendent ces personnalités vulnérables aux troubles psychiques. On constate ainsi de nos jours une explosion croissante des diagnostics de types TSA (trouble du spectre autistique), trouble de la personnalité borderline, HPI (haut potentiel intellectuel), HPE (haut potentiel émotionnel), TDAH (trouble de l'attention avec ou sans hyperactivité), etc. Pour canaliser et équilibrer cette force psychique et créative, les **efforts de concentration et de discipline**, qui font presque toujours défaut avec ce trait de caractère dominant, sont une des clés d'harmonisation. Cette transcendance ne peut donc s'exprimer qu'à partir de la rigueur de l'archétype *responsable* et/ou la maturité de l'âge, faute de quoi les troubles psychiques augmenteront et l'originalité créatrice ne sera que puérile excentricité.

Lorsque la personnalité type *original* réussit à canaliser sa créativité, elle se heurte à la réalité du quotidien. Confronté à un monde sclérosé et rationnel, son génie s'expose à l'incompréhension. Avec le temps, du soutien et de la persévérance, l'*original* arrivera toutefois à incarner ses idées nouvelles.

L'exemple de Gabriel

Tout petit déjà, Gabriel était très inventif et original. Sa chambre était remplie de Lego®, qui canalisaient sa curiosité et son hyperactivité. C'est son grand-père qui lui a acheté ses premières boîtes de jeu et un lien très fort se développa entre eux car ils s'amusaient ensemble à ces productions. Gabriel était capable seul, à 6 ans de monter, démonter et réinventer des modèles de jeux conçus pour des enfants beaucoup plus âgés. Puis il s'est mis à élaborer des moteurs adaptés à ses constructions. Son estime s'est développée face à l'admiration de sa famille. À 12 ans, les jeux vidéo le passionnent et lui font abandonner ses jeux de construction, et en partie la complicité avec son grand-père. À l'école, il s'ennuie énormément. Ce qui est spectaculaire et à la fois inquiétant, c'est sa capacité et son besoin de faire plusieurs choses en même temps. Il fait ses devoirs tout en regardant un film d'animation sur une tablette, et en échangeant des messages avec un copain. Il est diagnostiqué HPI, mais son manque de concentration se développe et, malgré son haut potentiel intellectuel, des troubles scolaires apparaissent. Ses parents limitent alors son temps passé sur les jeux vidéo et le portable. Gabriel manifeste une réactivité colérique anormale face à ces limitations, en même temps qu'il peine de plus en plus à exprimer ses autres émotions. Ses parents l'emmènent consulter un neuropsychologue qui lui diagnostique également un TDAH. Après un long travail familial pour répondre aux spécificités de Gabriel, tout en maintenant de la rigueur vis-à-vis de ses devoirs, ce dernier, alors âgé de 15 ans semble apaisé et équilibré depuis qu'il pratique le volley-ball et l'escalade. Réfractaire au départ, il reconnaît à présent les bénéfices de ces activités. On pense que la discipline nécessaire à ces pratiques, le partage social et le dépassement de soi l'ont aidé à canaliser son hyperactivité. Les parents, bien soudés, sont parvenus à lui imposer un cadre : se coucher à heures fixes, manger en famille sans portable à proximité, limiter les jeux vidéo et pratiquer des activités physiques au moins deux fois par semaine. Gabriel reste néanmoins un adolescent atypique dans ses interactions avec le monde. Ses parents, à présent avertis, patients et conscients, sont persuadés que sa puissante intellectuelle et créative lui permettra de trouver sa place dans la société.

L'archétype ou le trait de personnalité complémentaire

Le plus opportun est de développer la force d'organisation et de concentration représentée par l'archétype *responsable*. On doit s'attendre toutefois à des difficultés tant ces deux facettes s'opposent. Mais même si les idées novatrices de l'*original* sont **faites pour sortir du cadre**, sans ce dernier, elles n'arriveront pas à s'incarner dans le monde.

Reconnaître la personnalité type *original*

Le comportement

C'est une personne avec une hyperactivité cérébrale importante, qui tentera de s'y adapter de manière plus ou moins atypique. Hyper stimulée par ses pensées, elle portera en société un casque anti-bruit ou de musique, pour se protéger du monde extérieur. Autocentrée mais toujours connectée aux réseaux sociaux et à ses communautés, il peut être difficile d'entrer en contact avec elle. Le portable est souvent une extension de sa main. La personnalité type *original* se reconnaît dans ses tenues vestimentaires et un mode de vie qui diffère de la majorité des autres. Plus adaptée à une société humaniste, elle préférera les habitats partagés, les éco-lieux ou encore une certaine indépendance dans la vie de couple.

L'attitude

Face au type *original*, on a parfois l'impression d'être en présence d'un extraterrestre ! Sa silhouette est éthérée et son visage souvent qualifié d'angélique donne l'impression d'une tête d'oiseau. Le port de tête est élégant et fier. On perçoit facilement la verticalité corporelle, sauf chez l'adolescent en pleine croissance parfois recroquevillé sur lui-même. Quant à sa tenue, elle n'est pas là pour mettre en valeur son physique mais plutôt sa personnalité atypique ou son appartenance à un style en marge.

Intuitivement, de 1 à 10, à combien évaluez-vous l'intensité de cette force archétypale dans votre identité.

1	2	3	4	5	6	7	8	9	10

Que faire si cet archétype de la personnalité semble trop dominant chez vous ?

Les signes qui ne trompent pas : entourez les points qui vous concernent.

- Je suis addict aux réseaux sociaux ou aux jeux vidéo.
- J'ai du mal à me concentrer ou me discipliner.
- Si cela me facilitait la vie, je serais prêt à intégrer dans mon corps des nouvelles technologies (puces, implants, etc.).
- J'ai été diagnostiqué TSA, TDAH, HPI, HPE, borderline, etc.
- Je suis la mode et les pensées de ma génération.
- Je déteste qu'on me dise ce que j'ai à faire ou qu'on me donne des ordres.
- J'ai du mal à travailler pour quelqu'un ou pour une institution.
- Je n'envisage pas de fonder une famille, je ne souhaite pas avoir de contraintes.

APAISEZ VOTRE ARCHÉTYPE *ORIGINAL*	
Le plus important consistera à développer la facette *responsable* afin de pouvoir canaliser l'intelligence holistique de cette force archétypale.	
Ce que je peux faire : choisissez au moins 3 actions ou attitudes à mettre en place.	
Je comprends que le cadre et la discipline sont nécessaires pour mon accomplissement.	
J'organise de manière rigoureuse mes journées et j'essaie de m'y tenir.	
Je prends des responsabilités auprès de mes proches, au sein d'une activité professionnelle, sociale, etc.	

Je passe du temps avec des personnes matures et stables.	
Je passe plus de temps sans mon portable.	
Je pratique le yoga ou la méditation.	
Je pratique une activité sportive au sein d'un club ou d'une association.	
Je mange et je dors à des heures régulières.	
Je mets en place des activités pour incarner et canaliser mes idées originales (dessin, musique, peinture, théâtre, etc.)	
J'apprends à me connaître et à développer les facettes de moi que je connais moins.	
Je m'engage en psychothérapie pour clarifier, si besoin, ma relation avec mon système familial et avec l'autorité.	
Je passe du temps dans la nature (jardinage, randonnée, animaux etc.), sans portable.	
Je regarde le documentaire *Kaizen* !	

Quelles activités professionnelles pour l'archétype *original* ?

Toutes les professions qui permettent à l'individu d'exprimer sa créativité et son ingéniosité en particulier, les métiers liés aux nouvelles technologies, à l'informatique, à l'écologie, au cinéma, etc.

Comment se comporter avec une personnalité type *original* ?

À faire

Pour les enfants

- Comprendre que leur fonctionnement cérébral est atypique.
- Les laisser apprendre par eux-mêmes.

- Fixer des règles d'utilisation du téléphone et des réseaux sociaux.
- Favoriser les jeux et les activités créatives.
- Imposer des activités sportives individuelles et collectives pour reposer le mental, développer la sociabilité et les confronter à la discipline et aux règles.
- Les laisser passer du temps avec leurs grands-parents (racines familiales !).
- Imposer des repas ensemble à heures régulières (sans portable).
- Afficher les règles de la maison, validées par tous.
- Encourager et valoriser les comportements et les pensées rationnelles.
- Placer l'enfant dans une école à tenue vestimentaire uniforme pour anticiper son besoin de structure et de concentration.

Pour les enfants et les adultes

- Ne pas s'attendre à des débordements d'affection.
- Les aider à exprimer leurs émotions.
- Les faire diagnostiquer ou les inciter à le faire.
- Respecter leur besoin de solitude.
- Accueillir et valoriser leurs points de vue avant-gardistes.
- En amour, respecter leur besoin de liberté et d'individualité.
- Au travail, leur faire confiance pour résoudre des problèmes complexes.
- Être franc et honnête, ils perçoivent très bien le langage non verbal !
- Parler des problèmes en dehors des crises.

À ne pas faire

- Provoquer de longues conversations, ils s'épuisent vite cérébralement.
- Les forcer à entrer dans la norme.
- Attendre d'eux qu'ils se sédentarisent.
- Les mettre sur un piédestal en raison de leur intelligence.
- Critiquer leurs initiatives, même ratées, ou leur originalité.

Les personnalités *originales* célèbres

Nostradamus, Mozart, Thomas Edison, Pierre et Marie Curie, Thomas Jefferson, Abraham Lincoln, Charles Darwin, Jules Verne, Romain Gary, Che Guevara, Alan Turing, Nikola Tesla, James Dean, Jared Leto, Elijah Wood, Pierre Niney, Michel Sardou, Stromae, Vianney, Helena Blavatsky, Charlotte Rampling, Lily Cole, Natalie Dormer, Anya Taylor-Joy, Patricia Loizon, etc.

Que faire si cet archétype de la personnalité semble insuffisant chez vous ?

Les signes qui ne trompent pas : entourez les points qui vous concernent.

- Vous êtes conformiste et conservateur.
- Vous ne comprenez rien aux ordinateurs.
- Vous refusez de posséder un téléphone portable ou d'utiliser les réseaux sociaux.

• La jeune génération vous désespère.
• Vous n'avez aucune confiance en l'avenir de l'humanité.
• L'écologie, très peu pour vous.
• Vous êtes sédentaire et n'envisagez pas de changer quoi que ce soit dans votre vie.
• Vous n'aimez pas du tout les films de science-fiction.

DYNAMISEZ VOTRE ARCHÉTYPE *ORIGINAL*	
Ce que je peux faire : choisissez au moins 3 actions ou attitudes à mettre en place parmi les 12 suivantes.	
Je m'entoure de personnes atypiques et originales.	
J'utilise parfois les réseaux sociaux.	
Je m'intéresse aux nouvelles technologies.	
Je prends des cours en informatique.	
Je participe à des activités créatives et artistiques, de groupe.	
Je m'intéresse à mon thème astral de naissance.	
Je lis des ouvrages ésotériques.	
Je participe à des jeux de société type jeux de rôle, etc.	
Je fais du théâtre d'improvisation.	
Je participe à des séances de « bain sonore ».	
J'apprends à jouer d'un instrument de musique ou à découvrir toute autre activité, par moi-même ou au sein d'un groupe.	
Je suis des cours ou une formation dans le domaine de mon choix en *e-learning*.	

Avez-vous des traits de personnalité type *original* ?

Dans le tableau suivant, répondez le plus naturellement possible par « Plutôt VRAI » ou « Plutôt FAUX » et totalisez vos réponses. Plus le nombre de « Plutôt VRAI » est important, plus l'archétype est dominant chez vous. Pour affiner ce questionnaire, faites-le remplir également par un proche qui vous connaît bien et discutez-en ensemble.

L'ARCHÉTYPE *ORIGINAL*	Plutôt OUI	Plutôt NON
Je n'aime pas la routine et je n'aspire pas à une vie rangée.		
Je suis autodidacte.		
Je m'intéresse ou je pourrais m'intéresser à l'astrologie.		
Je suis fan des réseaux sociaux, je passe plus de deux heures par jour sur mon portable ou mon ordinateur.		
Je suis sensible à l'écologie mondiale.		
J'ai été diagnostiqué HPI, HPE, TDAH ou borderline.		
J'aime les films fantastiques et/ou de science-fiction.		
J'ai des difficultés à accepter l'autorité.		
En amour, l'idée de vivre chacun chez soi me convient.		
J'aime créer en partenariat avec d'autres personnes.		
Je suis favorable à la théorie du genre et au transhumanisme.		
Je manque d'organisation et de discipline pour incarner mes idées.		
TOTAUX		

Résultats

De 0 à 3 (Plutôt OUI) : votre facette *originale* semble peu présente dans votre vie ou sous l'influence d'un autre archétype dominant aux fonctions opposées (l'archétype *responsable* ou *maternel*). Vous résistez aux changements technologiques et évitez certains pièges du monde moderne, mais peut-être avez-vous du mal, aujourd'hui, à vous y sentir à votre place ? Inspirez-vous de certaines propositions du tableau « Dynamisez votre archétype *original* ».

De 4 à 8 : votre *moi-original* semble équilibré. Vous vous adaptez aux changements de la vie moderne tout en respectant des valeurs traditionnelles qui permettent de garder les pieds sur terre et d'éviter les excentricités.

De 9 à 12 : vous êtes avant-gardiste et prêt à suivre tout type d'innovation pour vous rendre la vie plus facile et plus connectée. Vous êtes de ceux qui font avancer le monde et qui trouvent des solutions aux troubles qu'engendre notre civilisation. Vous surfez sur la vague du progrès, mais attention à ne pas vous déconnecter des choses simples de la vie ainsi que des valeurs ou libertés défendues par le passé. Inspirez-vous de certaines propositions du tableau « Apaisez votre archétype *original* ».

MANDALA DE L'ARCHÉTYPE *ORIGINAL*

Pour le télécharger en grand format, rendez-vous page 2.

Rituel d'intégration

Pour terminer cette étude, je vous propose une cérémonie sacrée qui vous permettra d'entrer en relation symbolique et énergétique avec votre archétype *original*.

Préparation en amont

1. Accordez-vous 30 minutes.
2. Organisez-vous pour ne pas être dérangé.
3. Choisissez un endroit harmonieux.
4. À côté de vous, placez une plume qui représentera l'élément AIR, ou accompagnez votre rituel d'une musique de gong.

Rituel : en vous reliant à l'énergie de votre archétype *original*, coloriez le mandala ci-contre avec uniquement les couleurs GRISE, VERT-BLEU ou BLEU ANTHRACITE (+ blanc). Laissez votre intuition vous guider et accueillez avec bienveillance l'expression symbolique de cette facette intérieure.

Évolution d'intégration :si vous considérez que cet archétype mérite un travail d'harmonisation dans votre vie, refaites régulièrement ce rituel pour voir l'évolution de votre mandala *original* et ressentir la qualité de votre relation avec cette force archétypale.

AIDE FLORALE (fleur de Bach)

***White Chestnut* – Marronnier blanc**

Pour apprivoiser votre activité mentale excessive et vous aider à canaliser vos pensées vers une créativité concrète : 4 gouttes sous la langue, 4 fois par jour minimum, durant 3 semaines ou lors des périodes très agissantes de votre facette *originale*.

LA PERSONNALITÉ *TYPE IDÉALISTE*

L'intelligence existentielle

« Je voudrais étreindre le monde. »
Ludwig van Beethoven

Force naturelle et symbolisme

Les forces de la nature auxquelles correspond cet archétype se situent dans un état vague et transitoire entre l'hiver qui s'achève lentement et le printemps qui se prépare à un nouvel élan. Dans le cycle végétal, c'est le fruit tombé au sol, qui se désagrège dans le tout. Symboliquement, c'est un retour à la source : du fruit tombé, il ne restera que le noyau qui, à son tour, donnera naissance à un nouvel arbre. Cette force naturelle induit chez les individus une vision éthérée de la vie, une capacité à prendre de la hauteur, à se laisser porter, tel le plancton au gré des courants marins. Pour personnifier ce tempérament, le terme *spirituel* ou rêveur convient également.

Psychologie, besoins et compétences

La notion de sympathie mystique conduit les types *idéalistes* à établir des liens magiques entre les êtres et les choses. Ce tempérament se trouve au cœur du sentiment religieux, ce que Romain Rolland a nommé « le sentiment océanique ». Cette approche fut développée vers la fin des années 1920, en réponse au livre de Sigmund Freud, *L'Avenir d'une illusion*, où la religion est présentée comme une régression à des sentiments d'enfant qui cherche la protection d'un père idéal, Dieu. Romain Rolland, lui, évoque plutôt une aspiration innée et inconsciente à vouloir se dissoudre dans le grand tout de la conscience universelle.

Les aspects psychologiques du tempérament *idéaliste* correspondent à l'expression affective sans barrières, celle qui invite à l'osmose, à la communion sacrée où le créé s'identifie au créateur. La notion du **paradis perdu** nourrit ce type d'intelligence existentielle. Cette nostalgie s'entend par le désir de comprendre et de dépasser notre condition humaine, et de recouvrer la condition divine. Est-ce possible dans notre quotidien terrestre ? C'est ce que les religions proposent et c'est ce dont une personne au tempérament *idéaliste* ou *spirituel* dominant aura besoin pour se réaliser.

La sexualité est aussi, d'une certaine manière, une quête d'absolu et d'immortalité. À travers la jouissance et l'oubli de soi, elle permet d'accéder à cette aspiration intérieure puissante.

À défaut d'union mystique avec Dieu, c'est dans le mystère et l'extase de la relation amoureuse que nous transférons notre désir de communion avec le divin. Ainsi, lorsque ce type d'enchantement est vécu, c'est le coup de foudre. Mais souvent, il faut s'attendre, avec le temps, à des désillusions. Tomber éperdument amoureux, avec la certitude absolue d'avoir trouvé l'âme sœur ou la « flamme jumelle », peut être comparé à une prise de possession de cette force archétypale. Au début d'une relation romantique, nous vivons dans une bulle, nous ne faisons qu'un avec notre partenaire. La perte d'identité que procure une telle fusion à travers l'extase des corps et la communion des âmes est un signe de ce « sentiment océanique ».

Réintégrer des valeurs spirituelles et idéalistes dans la société d'aujourd'hui est une des finalités de ce trait de personnalité. La capacité à appréhender l'existence et sa propre vie d'une manière plus universelle ramène ainsi de la légèreté et la foi en l'avenir. Cet intime espoir permet de lâcher prise face à l'impermanence et aux cycles de transformations que nous traversons. Confrontés à notre finitude terrestre, nous sommes invités à cultiver cet abandon à plus grand que soi. Mais à vivre constamment dans une quête d'absolu, et parfois dans un monde imaginaire, le risque est grand d'y perdre pieds, et parfois la raison.

Difficultés psychologiques

La perte de l'innocence et de la naïveté suit les grandes **désillusions.** Le *moi-idéaliste* ou *spirituel* conduit à des expériences douloureuses. La difficulté d'incarnation, le flou et le manque d'organisation dans les nécessités du quotidien sont donc fréquents.

L'*idéaliste* est associé parfois au désir de posséder ce qui est hors de portée, d'accéder au bonheur absolu. La rencontre avec l'autre est toujours idéalisée, les espoirs professionnels et humanitaires sont exaltés, les mondes invisibles sont magnifiés. Pour l'*idéaliste*, chez qui l'imagination est exaltée, la dissonance avec la réalité encore plus pénible à vivre.

Mais plus que la situation, c'est le terrain inné qui structure l'état psychique d'une personne. En un mot, chacune de nos facettes possède une certaine sensibilité nerveuse et sa propre perception de la réalité. Pour le *guerrier*, la vie est un combat pour la liberté ou un monde à conquérir, pour le *messager*, elle est à comprendre et synthétiser, pour l'*original*, elle est à transformer de façon innovante et pour l'*idéaliste*, elle est à imaginer.

Lorsque nos attentes d'un monde idéal ne trouvent aucun écho, l'*idéaliste* imagine une foule de subterfuges pour échapper à la réalité : la création artistique, la communion avec la nature, la spiritualité, les aventures romantiques, l'élaboration de réalités virtuelles, les paradis artificiels qui altèrent le niveau de conscience et donnent l'illusion d'unité retrouvée. Face aux agressions et résistances de la vie, ce trait de personnalité préfère la fuite à la lutte, il est le rêveur ou *le chasseur d'images*. Certains *idéalistes* utilisent ainsi des pratiques spirituelles pour se créer une nouvelle identité fondée sur cette imagination exaltée, qui les dévient parfois de problèmes psychologiques non résolus. Le piège de cet « ego spirituel » se retrouve dans le domaine du développement personnel et en général chez tout type de « gourou ». La spiritualité devient alors un moyen de fuir son propre vécu et la dure réalité du monde tout en essayant de récupérer un peu de pouvoir (complexe de supériorité).

Ainsi, cette force archétypale en inflation ou mal orientée construit chez l'individu un nouvel ego cicatriciel, un *moi-spirituel,* avec lequel il ressentira même quelques sentiments de grandeur en jouant avec l'imaginaire et la crédulité de son entourage.

Dans la relation à l'autre, il y a aussi parfois une tendance chez ce tempérament à remplir **le rôle du sauveur.** Nostalgique d'une relation symbiotique, perçue comme condition *sine qua non* du bonheur, il lui sera difficile d'établir des limites à son désir d'aider l'autre. Une situation de codépendance peut alors s'installer où le sauveur devient parfois le naufragé, notamment lorsque la personne à sauver n'a ni la force ni le désir de participer à son propre sauvetage. Dans sa fausse lucidité, le sauveur *idéaliste* peut s'acharner, s'épuiser et ne pas trouver le courage de renoncer lorsque lui-même se trouve en train de sombrer. Impuissant, face à l'échec de ses prétendues responsabilités, il culpabilise. La vie devient alors un acte d'expiation et de sacrifice. Reconnaître ses limites est un acte de lucidité et de compassion envers soi-même. Souvent, la peur de perdre l'autre et de se retrouver seul fait partie des motivations et des mémoires traumatiques acquises, innées ou peut-être « karmiques » de *l'idéaliste.*

À force de regarder les étoiles, des ailes nous poussent et nos énergies s'envolent au risque de nous « désincarner ». Si nous n'aspirons qu'à nous relier au divin, la relation avec notre corps de matière peut se détériorer jusqu'à nous porter préjudice.

L'exemple de Christophe

C'était un médecin qui, suite à un divorce, fatigué de ses obligations professionnelles et probablement de l'excès de sa facette responsable, avait tout quitté pour vivre dans un ashram en Inde. Dans son désespoir, il cherchait une voie de salut. Il avait repris goût à la vie grâce à l'accompagnement d'un maître spirituel et aux expériences extatiques qu'il avait vécues. Il parlait de moments d'éveil, plongé dans un grand tout d'amour universel. Il comptait passer un mois en Inde et il y resta cinq ans. Cependant, à son retour en France, il était devenu associable et incapable de reprendre son travail ou d'entreprendre quoi que ce soit. Pour sa première consultation, il vint en tongs avec des habits vaguement propres. Il venait de passer deux mois en hôpital psychiatrique suite à une décompensation. Conscient de sa situation, il voulait reprendre sa vie en main. Nous avons travaillé ensemble à son « enracinement » et à verrouiller en partie sa force de réceptivité spirituelle. Je me souviens lui avoir conseillé de se faire régulièrement masser, pour revenir dans son corps de matière, de se reconnecter à la terre (randonnée, modelage, jardinage) et de s'éloigner de toute lecture ou quête spirituelle. Et surtout, bien sûr, de se faire accompagner psychologiquement dans son « retour sur terre ».

Je n'ai plus eu de ses nouvelles, mais j'ai bien compris, ayant moi-même vécu ce type de situation, la difficulté à revenir dans la réalité du quotidien, lorsque la force spirituelle qui nous anime prend le pouvoir.

Pour autant, sans cette facette *spirituelle*, ce sont nos espoirs de pouvoir dépasser notre condition humaine qui s'envolent.

N'oublions pas que les différentes facettes que nous avons abordées sont des expressions égotiques (forces physiologiques et psychiques) que nous avons à sublimer vers des niveaux de conscience supérieurs. Ce qui veut dire qu'elles ne représentent pas notre identité profonde ou notre âme. Ainsi, l'*idéaliste*, notre fonction spirituelle, représente une de nos 12 facettes de l'ego, sans notion de valeur entre ces 12 archétypes ou formes d'intelligence présentés.

L'intégration et la sublimation de l'archétype *idéaliste* ou *spirituel* n'est donc pas une fin en soi. Simplement, dans sa fonction intrinsèque, cette force nous permet de percevoir la vie au-delà de notre monde de matière. Ainsi, la vraie démarche spirituelle n'est pas l'apanage de cette facette, elle est l'aptitude de notre **conscience** à réunifier tous les différents « moi » ou archétypes de la psyché, vers un « soi » global, relié à une conscience supérieure ou universelle.

L'archétype ou le trait de personnalité complémentaire

Pour trouver une stabilité qui incarne nos idéaux, il sera judicieux de développer la facette *responsable* et *rationnelle*. La force archétypale du *guerrier* convient également pour mieux entreprendre et prendre les décisions salutaires. Dans un duo, deux *idéalistes* vivront en osmose un certain moment, mais ils auront tôt ou tard à se confronter à la réalité du quotidien et des interactions de leurs archétypes égotiques respectifs.

Reconnaître la personnalité type *idéaliste*

Le comportement

La personnalité *idéaliste* est soucieuse de son développement personnel et toujours en recherche d'un idéal amoureux. Facile à vivre, dans la bienveillance, elle est convaincue que tout ce qui se passe dans sa vie est nécessaire. Par exemple, si elle s'aventure dans une relation toxique par manque de discernement, elle dira que c'était son karma, que cette expérience était à vivre et elle n'avait donc pas le choix. Cette approche spirituelle lui permet de s'adapter à tous les événements difficiles et d'éviter d'assumer certaines responsabilités. La vie citadine ne lui correspond pas vraiment, elle cherchera plutôt à vivre au milieu de la nature et idéalement en habitat partagé, avec si possible un véhicule type van pour vagabonder librement.

L'attitude

Jusqu'à sa morphologie, l'*idéaliste* fait dans le flou ! L'ensemble du corps est relâché et l'allure nonchalante. Il se dégage de son regard une sensation d'éternel et de bienveillance absolue. Encline à la fatigue chronique, ce n'est pas une personne sportive et bien qu'elle ait une bonne alimentation, elle délaisse parfois son enveloppe corporelle.

Intuitivement, notez de 1 à 10 l'importance de ce trait de personnalité chez vous.

1	2	3	4	5	6	7	8	9	10

Que faire si cet archétype de la personnalité semble excessif chez vous ?

Les signes qui ne trompent pas : entourez les points qui vous concernent.

- Même en insécurité financière, je ne me soucie pas de l'avenir.
- J'ai totalement confiance en la vie pour m'apporter ce dont j'ai besoin.
- Ma vie amoureuse est instable, je finis toujours par tomber de haut.
- J'ai souvent la sensation d'être au-dessus ou à côté de mon corps.
- Je n'arrive pas à incarner mes projets.
- Je ne me mets pas en colère et je pardonne très facilement.
- Je n'arrive pas à dire non.

APAISEZ VOTRE ARCHÉTYPE *IDÉALISTE*	
Ce que je peux faire : choisissez au moins 3 actions ou attitudes à mettre en place parmi les 12 suivantes.	
Je pratique des activités sportives dynamiques.	
Je fais une pause dans mes recherches ou expériences spirituelles.	
Je vais au bout de mes actions quotidiennes.	

Je sécurise financièrement mon avenir. Si besoin, j'accepte un travail alimentaire.	
Je m'entoure de personnes rationnelles et pragmatiques.	
En amour, je fais attention à mes idéaux et je prends le temps de trouver la personne qui me permettra de m'engager dans une vie de couple.	
Je pratique des activités manuelles (bricolage, jardinage, etc.).	
Je mets à jour mes papiers administratifs.	
Je me fais accompagner en psychothérapie par une personne de type *responsable*.	
Je confronte mes projets à la réalité.	
Je prends des décisions sans attendre que la vie décide pour moi.	
Je m'intéresse à des sujets terre à terre, dans mes lectures ou dans mes conversations.	

Quelles activités professionnelles pour l'archétype *idéaliste* ?

Les activités pour lesquelles l'*idéaliste* se passionne sont nombreuses mais souvent peu rentables : les métiers du développement personnel et des thérapies alternatives ou énergétiques. Les métiers des arts lui conviennent également : la peinture, l'écriture, la poésie, etc.

Comment se comporter avec une personnalité type *idéaliste* ?

À faire

- Être accueillant et bienveillant dès le départ.
- S'inspirer de ses connaissances spirituelles et de son ouverture d'esprit.

- Être romantique et lui faire des surprises.
- Lui offrir des escapades originales.
- La ramener à la réalité de ce monde.
- Lui proposer des activités physiques dynamiques.
- Ne pas la laisser fuir les conflits ou les difficultés.
- Encourager ses petites colères.

Pour les enfants

- Nourrir leur imaginaire avec des activités créatrices.
- Éviter les smartphones et autres écrans qui bloquent leur créativité et leur imagination.
- Répondre à leurs questions existentielles, notamment sur la vie après la mort.
- Leur donner un cadre.
- Leur proposer des activités physiques.
- Les aider à accueillir leurs intuitions et les confronter délicatement à la réalité.

À ne pas faire

- L'empêcher d'exprimer ses soubresauts de colère.
- Casser ses rêves.
- Ne pas s'intéresser à ses connaissances et sensibilités spirituelles.
- Suivre ses idées et ses envies sans les confronter à la réalité.
- Être agressif ou vulgaire.
- Imposer vos idées matérialistes.

Les personnalités type *idéaliste* célèbres

Victor Hugo, Edgar Cayce, Gandhi, Krishnamurti, Mikhaël Aïvanhov, Albert Einstein, Elizabeth Taylor, Isabelle Adjani, Juliette Binoche, James Blunt, James Arthur, Julien Doré, Olivier Delacroix, etc.

Que faire si cet archétype de la personnalité semble insuffisant chez vous ?

Les signes qui ne trompent pas : entourez les points qui vous concernent.

- Pour moi, la vie après la mort n'existe pas.
- Je suis un anxieux, j'ai besoin de tout contrôler.
- Je n'arrive pas à prendre de la hauteur sur les événements difficiles.
- Je ne suis pas du genre à m'émouvoir sur les souffrances du monde ou sur les massacres d'animaux, par exemple.
- Il ne me viendrait pas à l'idée d'aller voir un énergéticien ou un magnétiseur.
- J'ai très peu d'imagination ou d'intuition.
- Je ne sais pas pardonner.

DYNAMISEZ VOTRE ARCHÉTYPE *IDÉALISTE*	
Le manque de spiritualité se paye au prix fort lorsque nous sommes confronté au deuil, à des événements traumatiques ou à notre propre finitude	
Ce que je peux faire : choisissez au moins 3 actions ou attitudes à mettre en place.	
Je remets en question mes croyances rationnelles et je m'intéresse à des sujets paranormaux (expérience de mort imminente, intuition, médiumnité, synchronicités, etc.).	
Je réalise un autel avec des pierres, des symboles religieux ou ésotériques afin de prier ou invoquer tout type d'aide.	
Je suis attentif aux synchronicités de ma vie pour percevoir que quelque chose me guide sur mon chemin.	
J'installe un jeu divinatoire et de temps à autre, je tire une carte, avec ou sans intention ni question.	
Je m'engage sur un chemin de pardon vis-à-vis des personnes qui m'ont blessé.	
Par curiosité, je consulte un énergéticien, un magnétiseur ou un médium.	
Je participe à des ateliers de méditation, de yoga, de bols tibétains, de Biodanza ou à une soirée chamanique.	
Je fréquente des personnes au trait de personnalité *idéaliste* ou *spirituel* important.	
Je me connecte à mon intuition lorsque j'ai des décisions importantes à prendre.	
Je tente de réaliser certains rêves.	
Je passe du temps dans la nature et j'essaie de ressentir la beauté et l'harmonie universelle qui s'en dégage.	
Je pratique des activités aquatiques.	

Avez-vous des traits de personnalité type *idéaliste* ?

Dans le tableau suivant, répondez le plus naturellement possible par « Plutôt VRAI » ou « Plutôt FAUX » et totalisez vos réponses. Plus le nombre de « Plutôt VRAI » est important, plus l'archétype est dominant dans votre vie. Pour affiner ce questionnaire, faites remplir également ce test de personnalité par un proche et discutez-en ensemble.

L'ARCHÉTYPE *IDÉALISTE*	**Plutôt VRAI**	**Plutôt FAUX**
Je suis tolérant et pacifique et je pardonne facilement.		
Je suis ouvert aux concepts non rationnels et ma vie spirituelle est riche.		
Je m'intéresse aux médecines alternatives et au monde des énergies subtiles.		
En amour comme en amitié, je suis souvent confronté à des désillusions.		
En cas de conflit, je préfère la fuite à la lutte.		
Mon imagination est débordante.		
J'apprécie la musique douce et relaxante.		
En amour comme en amitié, je suis très influençable.		
Je m'émerveille facilement des petites choses de la vie.		
J'ai parfois l'impression d'avoir du mal à habiter mon corps.		
Je suis souvent attristé de voir tant de misère et de violence dans ce monde.		
J'ai (ou j'ai pu avoir) tendance à prendre des substances pour m'évader du quotidien.		
TOTAUX		

Résultats

De 0 à 3 (Plutôt VRAI) : votre facette *idéaliste* ou *spirituelle* semble peu présente dans votre vie ou sous l'influence d'un autre archétype dominant opposé (souvent le *responsable* ou le *guerrier*). Remettez vos croyances en question et interrogez-vous sur des sujets plus subtils ou ésotériques. Vous y gagnerez en sérénité et cela vous aidera à lâcher prise sur les événements. Inspirez-vous de certaines propositions du tableau « Dynamisez votre archétype *idéaliste* ».

De 4 à 8 : votre *moi-idéaliste* ou *spirituel* semble équilibré. Vous savez prendre de la hauteur et philosopher. Vous prenez votre vie en main et acceptez ce qui ne peut être changé. Le temps aidant, vous savez développer cette intelligence existentielle pour vous adapter aux renoncements.

De 9 à 12 : vous êtes une personne éprise de spiritualité et facilement en symbiose avec les autres et la vie en général. Vous vous laissez guider par une conscience mystique et supérieure. Cette foi est une grande compétence et votre sensibilité à l'amour divin vous permet de dépasser toutes les épreuves. Mais peut-être avez-vous des difficultés à incarner vos idéaux ? Vous êtes comme la feuille d'un arbre tournée vers le soleil, mais n'oubliez pas que vous dépendez également de la bonne santé de vos racines ! Inspirez-vous de certaines propositions du tableau « Apaisez votre archétype *idéaliste* ».

MANDALA DE L'ARCHÉTYPE *IDÉALISTE*

Pour le télécharger en grand format, rendez-vous page 2.

Rituel d'intégration

Pour terminer cette étude, je vous propose une cérémonie sacrée pour entrer en relation symbolique et énergétique avec votre archétype *idéaliste*.

Préparation en amont

1. Accordez-vous 30 minutes.
2. Organisez-vous pour ne pas être dérangé.
3. Choisissez un endroit harmonieux.
4. À côté de vous, placez un bol d'eau pure qui représentera l'élément EAU et accompagnez votre rituel d'une musique zen.

Rituel : en vous reliant à l'énergie de votre archétype *idéaliste*, coloriez le mandala ci-contre avec uniquement la couleur VIOLETTE (+ blanc). Laissez votre intuition vous guider dans ce travail et accueillez avec bienveillance l'expression symbolique de cette facette intérieure.

Évolution d'intégration : si vous considérez que cet archétype mérite un travail d'harmonisation, en plus des différentes pratiques proposées dans les tableaux précédents, refaites régulièrement ce rituel pour voir l'évolution de votre mandala *idéaliste*.

AIDE FLORALE (fleur de Bach)

Willow – Saule

Pour apprivoiser votre intuition et vous aider à mieux suivre votre chemin avec également la responsabilité et maturité requises : 4 gouttes sous la langue, 2 fois par jour minimum, durant 3 semaines ou lors des périodes très agissantes de votre facette *idéaliste* ou *spirituelle*.

VOTRE COMPOSITION ARCHÉTYPALE

L'ensemble des archétypes que nous venons d'étudier, avec leurs forces psychiques respectives, correspondent à une vision subjective de notre « orchestre intérieur », composé symboliquement de ces 12 traits de personnalité.

Je vous propose maintenant de reporter dans le tableau suivant (colonne de droite) le nombre de points obtenus dans la somme des « Plutôt VRAI » des 12 tests précédents. Ainsi, vous vous ferez une idée globale de la puissance de vos différentes *moi-intérieurs*.

Puis, **sur le diagramme vierge de la troisième page suivante, reportez vos points en corrélation avec les archétypes**, pour obtenir une vision d'ensemble de la puissance de vos forces et compétences archétypales. Pour ce faire, reliez les points comme dans l'exemple.

Notons bien entendu que, tout au long de notre chemin de vie, les prédominances archétypales changent et évoluent selon l'âge, les événements, nos choix de vie et le niveau de conscience de chacun. Par exemple, le trait de personnalité *responsable* est moins présent à l'adolescence et il se développe avec la vie professionnelle ou la création d'un foyer, etc. Ainsi, les résultats de vos tests et votre diagramme évolueront avec le temps !

LES 12 ARCHÉTYPES DE LA PERSONNALITÉ		
1	**Le guerrier** (dynamisme - volonté - courage)	
2	**La sensuelle** (kinesthésie - attachement - lien avec la nature - esprit bâtisseur)	
3	**Le messager** (curiosité - analyse - diplomatie - communication)	
4	**La mère** (écoute - tendresse - empathie - charité - entraide - soin du foyer)	
5	**L'artiste** (exemplarité - fierté - créativité - rayonnement personnel)	
6	**Le perfectionniste** (minutie - analyse - discernement - bien-être - hygiène)	
7	**L'affective** (affectivité - sensibilité - relation - beauté - harmonie)	
8	**Le critique intérieur** (sagacité - psychologie - héritage transgénérationnel - évolution - transformation)	
9	**L'épicurien** (leadership - sociabilité - optimisme - voyages - jouissance de la vie)	
10	**Le responsable** (maturité - discipline - responsabilité - organisation)	
11	**L'original** (innovation - esprit autodidacte - nouvelles technologies - coopération - esprit humaniste)	
12	**L'idéaliste** (imagination - spiritualité - foi - amour universel)	

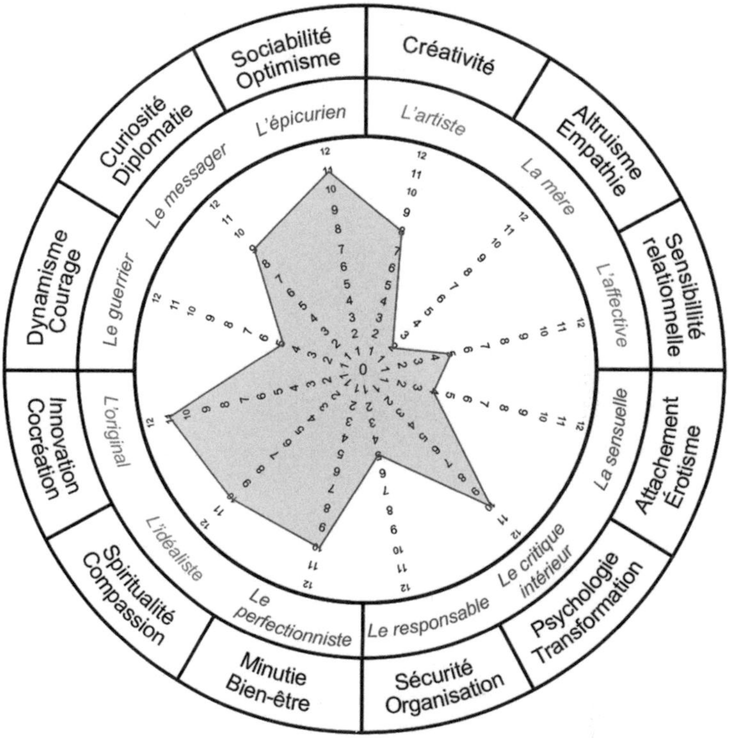
Sociabilité
Optimisme
Créativité
Altruisme
Empathie
Sensibilité
relationnelle
Attachement
Érotisme
Psychologie
Transformation
Sécurité
Organisation
Minutie
Bien-être
Spiritualité
Compassion
Innovation
Cocréation
Dynamisme
Courage
Curiosité
Diplomatie
L'épicurien
L'artiste
La mère
L'affective
La sensuelle
Le critique
intérieur
Le responsable
Le
perfectionniste
L'idéaliste
L'original
Le guerrier
Le messager

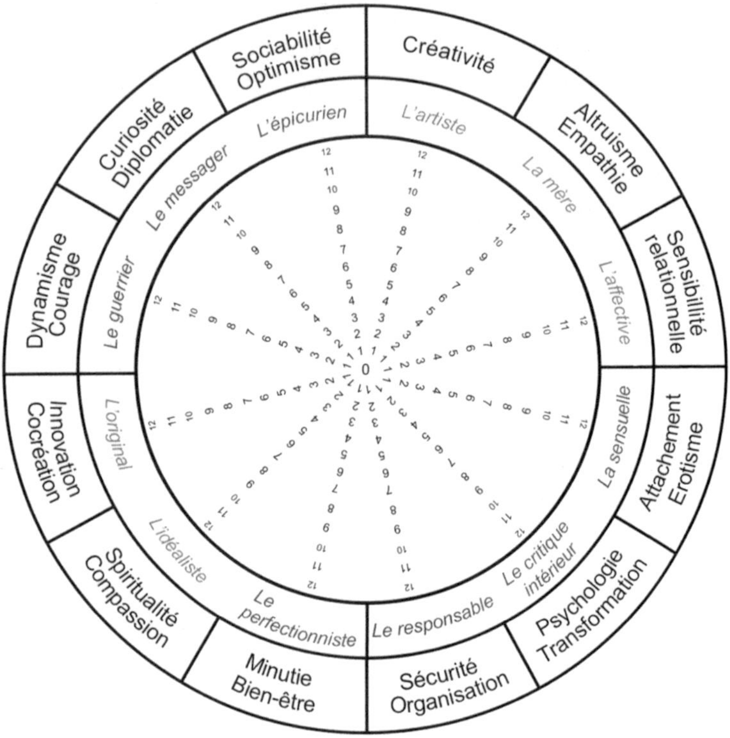
Sociabilité
Optimisme
Créativité
Altruisme
Empathie
Sensibilité
relationnelle
Attachement
Erotisme
Psychologie
Transformation
Sécurité
Organisation
Minutie
Bien-être
Spiritualité
Compassion
Innovation
Cocréation
Dynamisme
Courage
Curiosité
Diplomatie
L'épicurien
L'artiste
La mère
L'affective
La sensuelle
Le critique
intérieur
Le responsable
Le
perfectionniste
L'idéaliste
L'original
Le guerrier
Le messager

Pour plus de visibilité, vous pouvez réaliser ce test automatiquement sur mon site : **metapsy.fr** (dès la page d'accueil).

Les questions se référant à chacun des archétypes sont plus nombreuses et vous permettront de préciser votre analyse globale de vous-même.

Enfin, une fois le diagramme généré, vous avez la possibilité d'en demander l'envoi par courriel sur votre boîte mail.

À présent, vous devriez plus facilement percevoir les domaines de compétences qui vous animent et ceux pour lesquels vous êtes plus ou moins doué. Et bien entendu, cela ne veut pas dire que vous ne pouvez pas, selon le besoin ou la période de votre vie, les atténuer ou les développer ! C'est même le cœur de notre épanouissement que de développer ou diminuer l'expression de nos forces intérieures en excès ou en insuffisance. Par exemple si le *guerrier* est à 2 sur 12 et qu'il manque à votre vie (pour vous affirmer, vous faire respecter, trouver des projets, prendre des décisions, etc.), vous pouvez vous inscrire dans une salle de sport etc. Mais cela vous demandera un effort plus important que pour une personne naturellement douée et marquée par la vitalité et le dynamisme de l'archétype *guerrier* ! Ces efforts pour apaiser ou dynamiser l'une de nos facettes **resteront toujours un défi.** Soyons patients et indulgents dans notre quête d'évolution et d'accomplissement !

ET MAINTENANT ?

« Quand un homme commence à s'observer depuis ce point de vue qu'il n'est pas un mais plusieurs, il commence vraiment le travail sur son être. Il ne peut faire cela tant qu'il demeure convaincu qu'il est un, car alors il prendra tout, chaque pensée, chaque humeur, chaque sensation, chaque impulsion, chaque désir, chaque émotion comme étant lui-même. Il sera difficile pour lui de modifier sa position réelle, c'est-à-dire une foule de "je" séparés possédant tous des droits égaux et une égale protection de sa part. »

Maurice Nicoll

Le chemin de réunification

Notre vie évolue à travers un processus cyclique de déploiement qui est le fruit d'une réunification de notre identité, à la fois multiple et universelle. En prendre conscience est l'ultime point de départ. C'est ce que l'on pourrait nommer un travail psychologique dans un contexte spirituel. Sans ce savoir qu'apportent la psychologie individuelle, l'histoire de la mythologie et les sciences traditionnelles, il serait difficile de trouver la direction optimale que pourrait prendre notre vie.

Lorsque notre conscience s'éveille, la première chose que nous nous demandons, c'est : « Par quoi commencer ? » L'ampleur de la tâche est immense. Toute entreprise d'introspection exige du courage et un effort de conscience. Il peut sembler plus facile de baisser les bras mais le temps fait toujours resurgir nos incohérences et leurs souffrances. C'est ce que j'observe dans ma vie professionnelle et personnelle. Nombre de patients sont rattrapés par des traumatismes du passé ou simplement par l'inflation ou le déni d'une ou plusieurs facettes de leur identité. Si notre chemin de développement est ardu, il me semble possible, toutefois, de prendre soin de ce monde intérieur en restant dans une certaine sérénité et joie de vivre. Cette recherche d'unité et d'orchestration intérieure est régie par une loi immuable : **l'amour**. Cet amour doit pouvoir se focaliser dans un premier temps sur l'ensemble de nos forces intérieures, à l'image d'un chef d'orchestre.

C'est probablement dans cette entreprise dynamique et bienveillante que notre symphonie intérieure peut progressivement s'exprimer et donner naissance à ce que finalement nous attendions depuis toujours, un projet associatif donneur de sens.

Le projet de vie

La démarche téléologique consiste à expliquer un phénomène à partir de son but et de sa fonction. Connaître notre finalité permet de déterminer si telle ou telle action est bonne ou non pour nous. **Connaître nos compétences nous permet alors de faire des choix de vie vertueux.** Une bonne vie est par conséquent une vie dans laquelle nous accomplissons notre finalité, dans laquelle nous faisons usage des caractéristiques qui font de nous des individus à part entière.

Essayons de mettre à profit tout ce dont nous avons été pourvus à la naissance. Nous ne pourrons nous libérer de notre angoisse existentielle et être heureux qu'en usant de toutes nos capacités et nos expériences. En définitive, au crépuscule de notre existence, c'est le sentiment d'avoir pleinement vécu, donné du sens à sa vie, qui dépasse l'idée d'anéantissement.

Si l'on se rappelle nos rêves d'enfant et nos passions insouciantes, répondre à la question « Que faire de soi ? » pourrait bouleverser notre existence aujourd'hui. Ces rêves ne doivent pas être pris au sens littéral, mais ils recèlent souvent un symbolisme qui peut orienter notre élan vital. Il est toujours possible de revenir à ce qui nous « tient à cœur », au-delà des influences du système social et éducatif. Nous vivons tous avec un *daemon,* ce génie ni bon ni mauvais, qui a seulement une prescience de ce qui donnera un sens à notre vie. C'est cette petite voix qui chuchote à notre oreille dès l'enfance.

Un projet de vie n'est pas forcément un métier, il est une intention, un rôle, une participation au monde. Inscrit dans les profondeurs de notre âme, il est le fruit et la synthèse du potentiel créatif de toutes nos différentes facettes. Alors, par où commencer et est-il encore temps de réaliser ce « grand œuvre » ?

Pour questionner son projet de vie, il y a un besoin de comprendre et de s'appuyer sur nos forces archétypales innées car : « **Qui reconnaît ses qualités, reconnaît sa mission.** » En quoi puis-je être le plus utile ? Quel message ai-je à transmettre au monde, quelle idée à défendre ? Que puis-je créer pour le bien de tous ?

Dans ce livre, nous avons tenté d'analyser l'identité à travers 12 types de forces ou traits de personnalité, dans le but de mieux la comprendre dans sa totalité, mais il va de soi que l'être humain, mature et accompli, est fait d'une seule pièce. En faisant tourner à grande vitesse un cercle où toutes les couleurs de l'arc-en-ciel sont représentées, nous finissons par ne plus apercevoir qu'une seule couleur : le blanc. La musique de notre cœur devient unique. Tout ce que l'âme humaine offre au monde l'est par l'expression harmonieuse de ses 12 notes universelles !

Les caractéristiques de l'Homme accompli

Nous est-il possible de réaliser cet achèvement ? Que représente-t-il et comment le définir ? Répondre à ces questions est difficile tant elles dépendent de nos échelles de valeurs, différentes selon les pays, les cultures, les croyances etc.

Selon les grands mystiques, cet état advient naturellement après un long cheminement de conscience et de métamorphoses. Nous pouvons imaginer qu'il représente l'expression d'un potentiel inné en relation avec l'environnement social. En tout état de cause, **l'Homme accompli ne peut se définir comme parfait.** Il pourrait plutôt être appréhendé par une amplitude d'Être, une personne apte au bonheur intérieur et tout à fait à l'aise dans ses singularités et conscient des renoncements que le temps impose.

Dans les années 1960 aux États-Unis, des études ont été réalisées auprès de centaines de thérapeutes, psychothérapeutes et psychanalystes afin d'établir, chez des patients ayant suivi un long travail thérapeutique, les caractéristiques communes de l'accomplissement. Ces caractéristiques ont été publiées notamment par Abraham Maslow qui nous les décrit dans son livre *Devenir le meilleur de soi-même* (éditions Eyrolles). Ses conclusions sont en accord avec les différents courants de la psychologie moderne, des traditions philosophiques et des enseignements ésotériques.

Accomplis, nous serions à même d'exprimer les valeurs et attitudes suivantes.

- **L'autorité naturelle et le calme :** la qualité de présence est le premier signe, avec une relative autorité sur nos différentes forces intérieures. Il n'existe plus de débordements émotionnels. Les émotions ne sont toutefois ni contenues ni refoulées.
- **La perception de la réalité :** le niveau de discernement entre le réel et l'irréel, entre la vérité et le mensonge ou le juste et l'injuste est plus développé. Cette vision ne s'égare pas dans les illusions et permet de faire des choix plus cohérents et responsables.
- **Un milieu de vie sain :** en général, nous vivons à ce stade en harmonie dans notre lieu de vie, nous nous y sentons bien et nous aimons nous y reposer. Cet environnement calme nous ressource

et favorise notre qualité de présence à Soi. Dans cette continuité, nous apportons attention à notre hygiène de vie.

• **L'acceptation de Soi :** il existe chez soi une absence de culpabilité malsaine, plus de honte paralysante ou d'anxiété vis-à-vis de notre personne. Nous vivons avec nos défauts que nous ne percevons plus comme des faiblesses, mais comme des vulnérabilités, des caractéristiques personnelles dont il faut prendre soin.

• **La spontanéité :** cet aspect provient de l'intégration de la caractéristique précédente. Il est ici question d'absence d'effort pour paraître. Le regard de l'autre n'est plus une source de peur, les usages ne nous gênent pas ni ne nous freinent dans la réalisation de ce que nous tenons pour important.

• **La responsabilité :** elle nous donne une tâche à accomplir, un problème en dehors de nous-mêmes qui mobilise l'essentiel de nos énergies. L'échelonnement des valeurs et des besoins sont orientés vers le groupe et non notre individualité. Notre ligne de conduite est le fruit d'un renoncement lucide et responsable.

• **La capacité de solitude :** on dit que « quand un homme en sait plus que les autres, il devient solitaire ». Tous les sujets accomplis aiment la solitude et le silence, qui sont choisis et non subis comme l'isolement. Nous apprécions l'intimité, le calme et la vacuité dans des proportions supérieures à la plupart des autres personnes.

• **L'autonomie :** elle constitue une relative indépendance vis-à-vis de l'environnement physique et social. Nous avons réussi à nous détacher des influences névrotiques de la société. Nous restons toutefois réceptifs aux avancées technologiques, car nous sommes mus par une motivation saine de croissance et d'évolution.

- **La sobriété :** un individu accompli ne tombe pas dans le piège de la surconsommation, le principe de « sobriété heureuse » domine sa vie. Cette sélection se réalise par un effort conscient de rétentions et de disciplines.
- **La faculté d'émerveillement et de gratitude :** c'est la capacité d'apprécier, avec naïveté et fraîcheur, les bienfaits de la vie, quand les expériences sont devenues fades pour les autres. Nous sommes conscients de la préciosité de la vie et heureux de ce que nous possédons, quand la majorité des individus se concentrent sur ce qu'ils ne possèdent pas ou plus.
- **Le sentiment de parenté avec tous les hommes :** nous sommes profondément humanistes. Nous sommes animés d'un réel désir d'aider le genre humain même si nous sommes souvent attristés et exaspérés par certains comportements. Ce constat est clair mais nous éprouvons quand même de l'empathie pour chaque personne, convaincus qu'elle fait de son mieux.
- **L'humilité et le respect :** nous témoignons de l'amitié à toute personne sans se soucier de sa classe, de ses convictions politiques ou de sa religion. Humble devant ceux qui peuvent nous apprendre quelque chose, nous avons un profond respect, par exemple, devant le charpentier qui maîtrise son métier. Nous accordons du respect à n'importe quelle personne mais nous refusons cependant de franchir certaines limites à l'égard des individus malfaisants et irrespectueux. Cela correspond à un sens affirmé de ce qui est

juste et de ce qui est injuste. À ce stade, nous sommes moins ambivalents à propos de notre colère et nous sommes capables d'éloigner avec force ou délicatesse une personne maltraitante.

• **Les relations interpersonnelles :** elles sont plus authentiques et plus profondes que la moyenne. Nos relations sont soignées et notre cercle d'amis est restreint. La qualité de telles relations impose que l'on y consacre du temps !

• **La simplicité et l'adaptabilité :** nous savons transformer l'activité la plus routinière en occupation agréable. Les obligations et les devoirs prennent du sens et requièrent notre attention, sans précipitation. Tout ce qui nous arrive est accepté et sublimé, mais nous nous autorisons par la suite des actes salvateurs.

• **L'humour :** notre sens de l'humour s'éloigne des critères classiques, de l'humour malsain qui fait rire aux dépens de quelqu'un. Notre conception de l'humour se rapproche de la philosophie, il consiste à tourner en dérision les comportements humains, et très souvent nous aimons nous moquer de nous-mêmes !

• **La créativité :** c'est une caractéristique que l'on retrouve chez toute personne qui se réalise, chacun la manifestant à sa façon. Cette créativité n'emprunte donc pas forcément les formes habituelles, mais plus souvent une forme plus modeste, originale et teintée de naïveté.

• **La capacité d'introspection et de remise en question :** l'accomplissement nécessite d'avoir vécu de nombreuses phases de doute, voire de dépression. Nous sommes capables à ce niveau de remettre en question nos pensées, nos croyances et notre façon d'être ou d'agir lorsque des événements ou des proches nous y invitent. Nous prenons la responsabilité de nos erreurs. À l'inverse, nous savons refuser une critique ou un jugement non fondé. Il nous est possible de témoigner d'une froideur « chirurgicale » dont sont peu capables les gens ordinaires. Nous avons également le courage, l'humilité et la délicatesse de revenir sur la justesse de nos paroles ou de nos actes après une profonde introspection.

• **L'anticipation :** le haut degré de réflexion est une des caractéristiques communes à l'accomplissement. Nous nous soucions des conséquences de nos paroles, de nos actions ou non-actions sur notre vie et celle des autres, mais aussi des impacts de la société sur notre quotidien.

• **Les expériences paroxystiques :** cet état passager d'extrême conscience dans une perte furtive de la notion du temps et de l'espace que certains appellent « éveil » change notre vision de la vie. Il est appelé « expérience paroxystique ». Ces dernières sont rares et non contrôlables. Une personne accomplie est convaincue par ce genre d'expérience que toute idée de séparation est une illusion des sens. Il en découle alors une foi et une sécurité intérieure profondes.

• **L'optimisme :** nous avons la capacité de voir le verre à moitié plein plutôt qu'à moitié vide. Nous arrivons à percevoir le positif dans une situation qui semblerait négative pour les autres. Les événements dramatiques font l'objet ici d'une transformation intérieure dont le rayonnement sera mis au service de son prochain.

• **L'amour ou l'amitié :** nous définissons l'absence d'anxiété comme l'une des caractéristiques de l'amour. Au sein de cet amour, nous abandonnons nos défenses dans la relation amoureuse. Avec les amis ou l'être aimé, nous pouvons enfin être nous-mêmes. La relation amoureuse saine est l'un des exemples les plus complets de transcendance de nos différentes facettes égotiques. Cette aptitude souligne le désir de la croissance de l'autre lié au respect fondamental de sa propre individualité. Ce respect issu de l'amour vaut aussi en amitié. D'une manière générale, dans la relation, les gens accomplis détestent exercer un pouvoir sur leur prochain.

En somme, est accompli celui qui est capable, en « pleine conscience », d'exprimer au bon moment et dans une juste mesure toutes les fonctions vertueuses de ses archétypes intérieurs. En nous permettant les meilleures réponses adaptatives de survie, d'associativité et d'évolution, nous devenons le rayonnement amoureux de tout notre Être. Même si ce chemin personnel est une longue et exigeante quête, il appartient à chacun de nous d'avancer humblement et à notre rythme mais toujours dans une volonté sincère et profonde de donner « le meilleur de soi ».

Pratique finale

Comment je me situe avec ces différentes caractéristiques ?

Prenez un temps pour relire avec attention chacune des valeurs précédentes, et **notez en marge de 0 à 5, votre aptitude à les incarner et les exprimer dans votre quotidien !** Ensuite, félicitez-vous de toutes les caractéristiques qui vous définissent puis tentez de les faire évoluer dans votre quotidien. Vous avez toute la vie pour cela ! Vous pouvez aussi partager ce test avec un ami où chacun notera l'expression vertueuse de ces caractéristiques chez l'autre !

CONCLUSION

« Il contempla sa propre âme à travers un télescope. Ce qui semblait n'être qu'irrégularités, il découvrit et montra que c'étaient de magnifiques constellations… »
Samuel Taylor Coleridge, *Carnets*

La question n'est pas de savoir si la vie est belle ou tragique, dérisoire ou sublime, mais plutôt si nous sommes capables de nous aventurer consciemment à l'exprimer de la plus belle des manières. Au fil de notre existence, le courant de la vie nous entraîne inéluctablement vers une certaine destinée. Et ce qui nous rend libres n'est finalement pas la direction que nous suivons, mais le travail de conscience opéré sur notre nature multiple et archétypale. Certes, nous existons, mais les questions demeurent. Qui suis-je ? Que puis-je devenir et quelle est ma place dans ce monde ?

Notre conception de la vie s'articule autour d'un mouvement qui vise autant l'autoconservation que l'ouverture au monde. Cette recherche d'adaptation est sans fin et toujours remise en question. En outre, elle signifie que notre corps et notre âme, intimement liés, doivent tendre vers cette ultime souplesse qu'est le triomphe sur les événements. L'Homme ne se situe pas au centre, entouré de la nature mais bien au sein de la nature. Notre écologie personnelle et mondiale dépend de cette compréhension et de sa mise en œuvre dans notre quotidien.

En résumé, il sera utile, dans un premier temps, d'apprendre à connaître et aimer les forces archétypales qui nous animent tout en nous désidentifiant d'elles. Nous pourrons ainsi mieux les apprivoiser et vivre en harmonie. Par ailleurs, clarifier et pacifier si besoin certaines mémoires personnelles et/ou transgénérationnelles facilitera ce travail d'Hercule, pour, en finalité, devenir des êtres aimants, respectueux de nous-mêmes, des autres et de l'environnement.

Tout au long de notre aventure humaine, c'est en cultivant de la plus belle manière possible notre jardin intérieur que demeure le gage le plus sûr de vivre dans un monde fertile pour soi et les générations futures.

REMERCIEMENTS

Je remercie de tout cœur Marie, mon épouse et partenaire de vie, pour son amour, ses corrections et son soutien indéfectible.

Un immense merci également à Aude, Amandine, Sophie, mon frère Philippe, François et Joëlle, pour leurs relectures attentives.

Merci à Guylène pour la création des mandalas, vous pouvez trouver l'ensemble de ses autres créations sur ses pages Instagram (**artenailes**) et Facebook (**guylene.meyer**).

Je remercie tout particulièrement les patients qui ont accepté de partager leurs expériences, ainsi que tous ceux que j'accompagne, et qui m'inspirent tous les jours.

Enfin, je remercie mes parents, pour toujours dans mon cœur.

Site internet : metapsy.fr
Contact, consultations, formations et stages

Du même auteur…

Notes personnelles

Notes personnelles

Notes personnelles

PAPIER CERTIFIÉ

Achevé d'imprimer par Estella
Hachette Livre S.A.
58, rue Jean Bleuzen, CS 70007,
92178 Vanves Cedex. France

contact@marabout.com

Dépôt légal : octobre 2025
ISBN : 978-2-501-18887-6
4141597